به نام خالق عشق

دیوان
فرخی یزدی

سریال کتاب: H2325100153
عنوان: دیوان فرخی یزدی
پدیدآورنده: میرزا محمد فرخی یزدی معروف به تاج الشعرا
تصحیح و گردآوری: حسین مَکّی
ویراستاری: سید علی هاشمی
گردآوری و نسخه خوانی: مهری صفری اسکویی
صفحه آرایی:صفحه‌آرایی: یاسر صالحی، محبوبه لعل‌پور
طراح جلد: زهرا بگدلی، نغمه کشاورز
شابک: ISBN 978-1-77892-086-8
موضوع: شعر، رباعیات و غزلیات
متا دیتا: Poem ، Farsi
مشخصات کتاب: گالینگور، رنگی
تعداد صفحات: 286
تاریخ نشر در کانادا: September 2023
به کوشش: سید علی هاشمی، نغمه کشاورز
انتشارات همکار: موسسه انتشارات پارسیان البرز
منتشر شده توسط: خانه انتشارات کیدزوکادو
ونکوور، کانادا

Kidsocado Publishing House

خانه انتشارات کیدزوکادو
ونکوور، کانادا
تلفن : ۸٦٥٤ ٦٣٣ ۸۳۳ ۱ +
واتس آپ: ۷۲٤۸ ۳۳۳ ۲۳٦ ۱+
ایمیل : info@kidsocado.com
وبسایت انتشارات:https://kidsocadopublishinghouse.com
وبسایت فروشگاه:https://kphclub.com

ما جز برای خیر بشر دم نمی زنیم
این است یک نمونه زر از درون ما

## مقدمه

میرزا محمد فرخی یزدی، معروف به تاج الشعرا، در سال ۱۲۶۸ هجری شمسی در یزد به دنیا آمد. فرخی یزدی، سرودن شعر را از دوران کودکی آغاز کرد و در این راه، توجه زیادی به آثار سعدی شیرازی و مسعود سعد سلمان داشت. او از شاعران بزرگ دوره مشروطه است که برخلاف بسیاری از شعرا، در کنار توجه به مسائل روز و سرودن اشعار انتقادی، توجه زیادی به هنر شاعری و قواعد و اصول شعر فارسی دارد. ازاین‌رو، آثار او هم به لحاظ موضوع و مضمون مورد توجه است و هم به لحاظ ادبی، درخور و شایسته دقت.

فرخی یزدی، از شاعران و روزنامه‌نگاران مشروطه‌خواه است. مبارزات مشروطه‌خواهانهٔ او، محدود به عالم شعر و شاعری نیست و در زمینه روزنامه‌نگاری و مبارزات عملی و حضور در عرصهٔ سیاست و نمایندگی مجلس نیز بروز و ظهور دارد. فرخی یزدی تاوان این مبارزات را با مرگ در زندان قصر پرداخت کرد؛ هرچند درباره علت و چگونگی مرگ او اختلاف وجود دارد.

عشق و علاقه فرخی یزدی، به انقلاب بلشویکی همسایه شمالی ایران، در جای‌جای

آثار او دیده می‌شود و یکی از نکات آشکار دیوان او، همین مطلب است. همچنین توجه به داستان‌های ایران باستان، ازجمله داستان «کاوه و ضحاک» و داستان «فرهاد و شیرین» در دیوان فرخی بسیارزیاد است و بارها به این داستان‌ها اشاره شده است.

اثر حاضر، با هدف ارائهٔ مجموعه‌ای خواندنی و ویراسته از دیوان فرخی یزدی آماده و گردآوری شده است. از آنجا که یکی از معتبرترین چاپ‌های دیوان فرخی یزدی، به کوشش حسین مکّی فراهم شده است؛ اصل و پایه این اثر نیز بر پایهٔ همان تصحیح قرار گرفته است، اما تلاش کردیم با ویرایش دقیق اشعار فرخی یزدی، بعضی مشکلات چاپ حسین مکّی را رفع کنیم. امید است که این اثر مورد قبول خاطر مخاطبان شعردوست در سراسر دنیا قرار بگیرد.

**فهرست مطالب**

غزلیات ............................................... ۱۲
اشعار متفرقه ....................................... ۱۵۹
رباعیات .............................................. ۱۹۲

# غزلیات

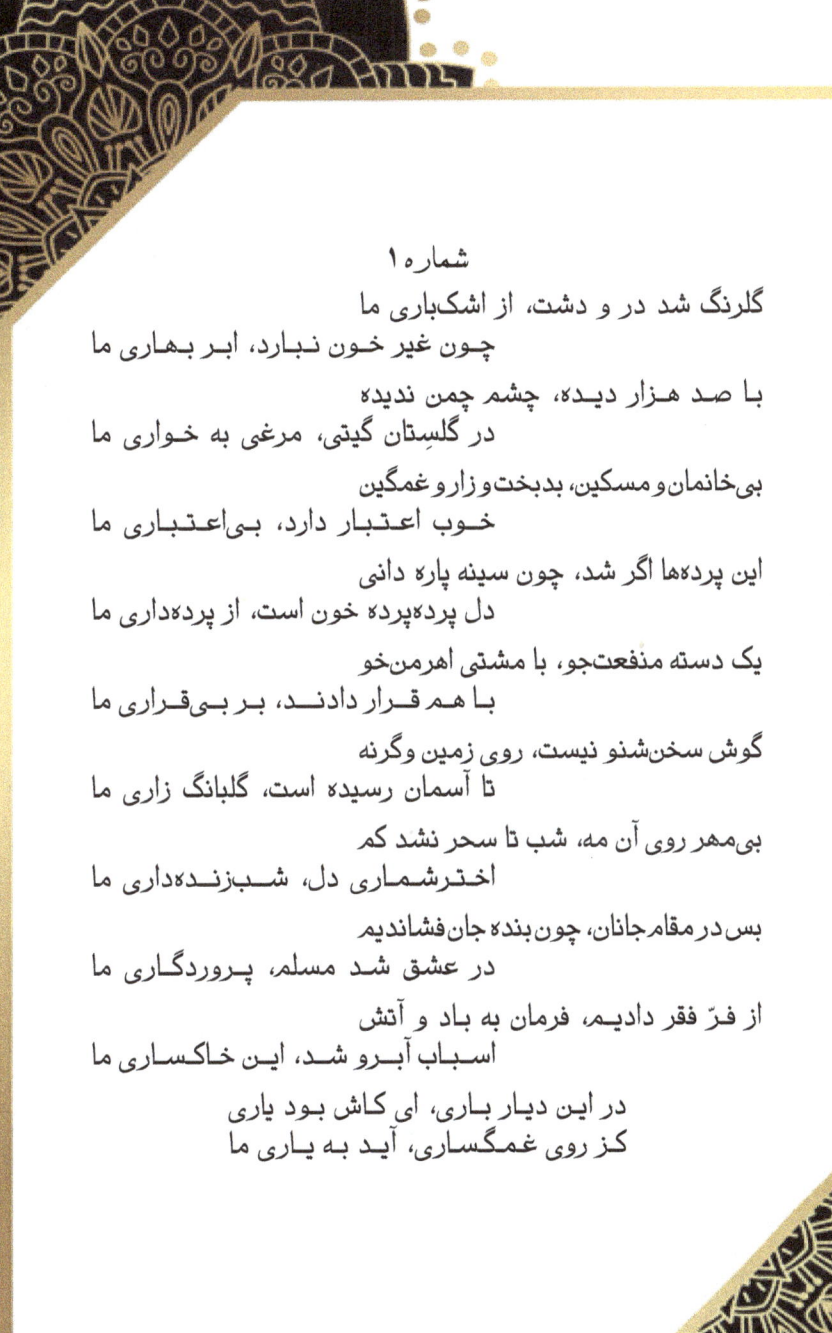

شماره ۱

گلرنگ شد در و دشت، از اشک‌باری ما
چون غیر خون نبارد، ابر بهاری ما

با صد هزار دیده، چشم چمن ندیده
در گلسِتان گیتی، مرغی به خواری ما

بی‌خانمان و مسکین، بدبخت و زار و غمگین
خوب اعتبار دارد، بی‌اعتباری ما

این پرده‌ها اگر شد، چون سینه پاره دانی
دل پرده‌پرده خون است، از پرده‌داری ما

یک دسته منفعت‌جو، با مشتی اهرمن‌خو
با هم قرار دادند، بر بی‌قراری ما

گوش سخن‌شنو نیست، روی زمین وگرنه
تا آسمان رسیده است، گلبانگ زاری ما

بی‌مهر روی آن مه، شب تا سحر نشد کم
اخترشماری دل، شب‌زنده‌داری ما

بس در مقام جانان، چون بنده جان‌فشاندیم
در عشق شد مسلم، پروردگاری ما

از فرّ فقر دادیم، فرمان به باد و آتش
اسباب آبرو شد، این خاکساری ما

در این دیار باری، ای کاش بود یاری
کز روی غمگساری، آید به یاری ما

### شماره ۲

دوش یارم زد چو بر زلف پریشان شانه را
مو به مو بگذاشت زیر بار دل‌ها شانه را

نیست عاقل را خبر از عالم دیوانگی
گر ز نادانی ملامت می‌کند، دیوانه را

در عزای عاشق خود شمع سوزد تا به حشر
خوب معشوق وفاداری بود، پروانه را

جز دل سوراخ سوراخش نبود از دست شیخ
دانه دانه چون شمردم سبحهٔ صد دانه را

این بنای داد یا رب چیست؟ کز بیداد آن
دادها باشد به گردون محرم و بیگانه را

از در و دیوار این عدلیه بارد ظلم و جور
محو باید کرد یکسر این عدالتخانه را

### شماره ۳

بی‌سروپایی اگر در چشم، خوار آید تو را
دل به دست آرش که یک روزی به کار آید تو را

با هزاران رنج بردن، گنج عالم هیچ نیست
دولت آن باشد، ز در بی‌انتظار آید تو را

دولت هر مملکت در اختیار ملت است
آخر ای ملت به کف کی اختیار آید تو را؟

پافشاری کن، حقوق زندگان آور به دست
ورنه همچون مرده تا محشر فشار آید تو را

نام جان کندن به شهر مردگان چون زندگی‌ست
همچو من زین زندگانی ننگ و عار آید تو را

تا نسازی دست و دامن را نگار از خون دل
کی به کف بی خون دل دست نگار آید تو را؟

کیستی ای نوگل خندان که در باغ بهشت
بلبل شوریده‌دل هر سو هزار آید تو را

کن روان از خون دل جو در کنار خویشتن
تا مگر آن سرو دلجو در کنار آید تو را

فرخی بسپار جان وز انتظار آسوده شو
گر به بالینت نیامد در مزار آید تو را

شماره ٤

ای که پرسی تا به کی در بند دربندیم ما
تا که آزادی بود دربند در بندیم ما

خوار و زار و بی‌کس و بی‌خانمان و دربه‌در
با وجود این‌همه غم، شاد و خرسندیم ما

جای ما در گوشه صحرا بود مانند کوه
گوشه‌گیر و سربلند و سخت پیوندیم ما

در گلستان جهان چون غنچه‌های صبحدم
با درون پر ز خون در حال لبخندیم ما

مادر ایران نشد از مرد زائیدن عقیم
زان زن فرخنده را فرزانه فرزندیم ما

ارتقاء ما میسر می‌شود با سوختن
بر فراز مجمر گیتی چو اسفندیم ما

گر نمی‌آمد چنین روزی کجا دانند خلق
در میان همگنان بی‌مثل و مانندیم ما

کشتی ما را خدایا ناخدا از هم شکست
با وجود آنکه کشتی را خداوندیم ما

در جهان کهنه ماند نام ما و فرخی
چون ز ایجاد غزل طرح نو افکندیم ما


شماره ۵

گر که تأمین شود از دست غم آزادی ما
می‌رود تا به فلک هلهلهٔ شادی ما

ما از آن خانه‌خرابیم که معمار دو دل
نیست یک لحظه در اندیشهٔ آبادی ما

بس که جان را به ره عشق تو شیرین دادیم
تیشه خون می‌خورد از حسرت فرهادی ما

داد از دست جفای تو که با خیره‌سری
کرد پامال ستم مدفن اجدادی ما

آنچنان شهره به شاگردی عشق تو شدیم
که جنون سرخط زر داد به استادی ما

فرخی دادِ سخندانی از آن داد که کرد
در غزل بندگی طبع خدادادی ما

## شماره ٦

در سیاست آن که شاگرد است طفل مکتبی را
کی به استادی تواند، خویش سازد اجنبی را؟

این وجیه‌الملّه‌ها هستند قاصر یا مقصّر
برکنید از دوششان پاگون صاحب‌منصبی را

پای بنهادند گمراهانه در تیه ضلالت
پیروی کردند هر قومی که شیخان صَبی را

خوب و بد را از عمل ای گوهری بشناس قیمت
کز نُبی بشناختند آزادگان قدر نَبی را

از فسون آنان که با ما دم زنند از نوع‌خواهی
روبه‌روی آفتاب آرند ماه نَخشَبی را

## شماره ۷

زبس ای دیده سر کردی شب غم اشک باری را
به روز خویش بنشاندی من و ابر بهاری را

گدا و بینوا و پاک‌باز و مفلس و مسکین
ندارد کس چو من سرمایهٔ بی‌اعتباری را

چرا چون نافهٔ آهو نگردد خون، دل دانا
در آن کشور که پشک ارزان کند مُشک تتاری را

غنا با پافشاری کرد ایجاد تهی‌دستی
خدا ویران نماید خانه سرمایه‌داری را

وکالت چون وزارت، شد ردیف نام اشرافی
چه خوب آموختند این قوم، علم خرسواری را

ز جور کارفرما، کارگر آن‌سان به خود لرزد
که گردد روبه‌رو کبک دری باز شکاری را

زبس بی‌آفتاب عارضت شب را سحر کردم
زمن آموخت اختر، شیوهٔ شب‌زنده‌داری را

## شماره ۸

به هنگام سیه‌روزی علم کن قد مردی را
زخون سرخ‌فام خود بشوی این رنگ زردی را

نصیب مردم دانا به جز خون جگر نَبوَد
درآن‌کشورکه‌خلقش‌کرده‌عادت‌هرزه‌گردی‌را

ز لیدرهای جمعیت ندیدم غیر خودخواهی
از آن با جبر کردم اختیار اقدام فردی را

کنون تازم چنان بر این مبارزهای نالایق
که تا بیرون کنند از سر هوای همنبردی را

شبی کز سوز دل شد برق آهم آسمان‌پیما
چو بخت خود سیه‌کردم، سپهر لاجوردی را

شماره ۹

می‌دهد نیکو نشان کاخی مکان فتنه را
محو می‌باید نمود این آشیان فتنه را

صورت وُلکان به خود بگرفته قصری باشکوه
خون کند خاموش این آتشفشان فتنه را

از قوام و بستگانش دیپلم باید گرفت
در خیانت داد هر کس امتحان فتنه را

گو به فامیل خیانت چشم خود را باز کن
هر که می‌خواهد شناسد دودمان فتنه را

بهر محو فارس، تازی تا به کی تازی فَرَس
بازکش ای فارِس سرکش عنان فتنه را

سینۀ احرار شد آماج تیر ارتجاع
تا نمودی زینت بازو کمان فتنه را

آه اگر با این هیاهو بازنشناسیم ما
یکه‌تاز مفسدت‌جو، قهرمان فتنه را

شماره ۱۰

باز گویم این سخن را گرچه گفتم بارها
می‌نهند این خائنین بر دوش ملت بارها

پرده‌های تار و رنگارنگی آید در نظر
لیک مخفی در پس آن پرده‌ها اسرارها

مارهای مجلسی دارای زهری مهلک‌اند
الحذر باری از آن مجلس که دارد مارها

دفع این کفتارها گفتار نتواند نمود
از ره کردار باید دفع این کفتارها

کشور ما پاک کی گردد ز لوث خائنین
تا نریزد خون ناپاک از در و دیوارها

مزد کار کارگر را دولت ما می‌کند
صرف جیب هرزه‌ها، ولگردها، بیکارها

از برای این همه خائن بود یک دار کم
پر کنید این پهن‌میدان را ز چوب دارها

دارها چون شد به پا با دست کین بالا کشید
بر سر آن دارها سالارها، سردارها
فرخی این خیل خواب‌آلود، مست غفلت‌اند
این سخن‌ها را بباید گفت با بیدارها

## شماره ۱۱

سرپرست ما که می‌نوشد سبک رطل گران را
می‌کند پامال شهوت دسترنج دیگران را

پیکر عریان دهقان را در ایران یاد نارد
آن که در پاریس بوسد روی سیمین‌پیکران را

شد سیه‌روز جهان، از لکهٔ سرمایه‌داری
باید از خون شست یکسر باختر تا خاوران را

انتقام کارگر ای کاش آتش برفروزد
تا بسوزد سربه‌سر این تودهٔ تن‌پروران را

غارت غارتگران گردید بیت‌المال ملت
باید از غیرت به غارت داد این غارتگران را

مادر ایران عقیم آمد برای مرد زادن
همچو زن‌ها پیروی کن صنعت رامشگران را

نوک کلک فرخی در آمهٔ خون شد شناور
تا که طوفانی نماید، این محیط بی‌کران را

### شماره ۱۲

غارت غارتگران شد مال بیت‌المال ما
با چنین غارتگرانی وای بر احوال ما

اِذن غارت را به این غارتگران داده است سخت
سستی و خون‌سردی و نادانی و اهمال ما

زاهد ما بهرِ استبداد و آزادی به جنگ
تا چه سازد بخت او، تا چون کند اقبال ما

حال ما یک چند دیگر گر بدین‌سان بگذرد
بدتر از ماضی شود ایام استقبال ما

شیخ و شاب و شاه و شحنه و شبرو شدند
متفق بر محو آزادی و استقلال ما

### شماره ۱۳

زد فصل گل چو خیمه به هامون جنون ما
از داغ تازه سوخت دل لاله‌گون ما

آن دم به خون دیده نشستیم تا کمر
کان سنگدل ببست کمر را به خون ما

ما جز برای خیر بشر دم نمی‌زنیم
این است یک نمونه ز راز درون ما

در بزم ما سخن ز خداوند و بنده نیست
دون پیش ماست عالی و عالی‌ست دون ما

ما را به سوی وادی دیوانگی کشید
این عشق خیره‌سر که بوَد رهنمون ما

ساقی ز بس که ریخت به ساغر شراب تلخ
لبریز کرد کاسه صبر و سکون ما

تا روز مرگ از سر ما دست برنداشت
بختِ سیاهِ سوختهٔ واژگونِ ما

شماره ۱۴

با دل آغشته در خون گرچه خاموشیم ما
لیک چون خُمّ دهان کف کرده در جوشیم ما

ساغر تقدیر، ما را مست آزادی نمود
زین سبب از نشئهٔ آن باده مدهوشیم ما

گر تویی سرمایه‌دار باوقار تازه‌چرخ
کهنه‌رند لات‌ولوت خانه بر دوشیم ما

همچو زنبور عسل هستیم چون ما لاجرم
هر غنی را نیش و هر بیچاره را نوشیم ما

نور یزدان هر مکان، سر تا به پا هستیم چشم
حرف ایمان هرکجا، پا تا به سر گوشیم ما

دوش زیر بار آزادی چه سنگین گشت دوش
تا قیامت زیر بار منّت دوشیم ما

حلقه بر گوش تهی‌دستان بود گر فرخی
جرعه‌نوش جام رندان خطاپوشیم ما

## شماره ۱۵

شبیه ماه مکن طفل خردسال مرا
چو آفتاب نخواهی اگر زوال مرا

در این قفس چو مرا قدرت پریدن نیست
خوشم که سنگ حوادث شکست بال مرا

نهاد سر به بیابان ز غم دل وحشی
چو دید آهوی شیر افکن غزال مرا

هزار نکته ز اسرار عشق می‌گفتیم
نبسته بود اگر غم زبان لال مرا

به کوی باده‌فروشان قدم گذار و ببین
به دور جام چو جمشید جم جلال مرا

خیال طُرّهٔ آشفتهٔ تو تا دل شب
هزار بار پریشان کند خیال مرا

به صد امید نشاندم نهال آزادی
خدا کند، نکَند باغبان نهال مرا

## شماره ۱٦

همین بس است ز آزادگی نشانهٔ ما
که زیر بار فلک هم نرفته شانهٔ ما

ز دست حادثه پامال شد به صد خواری
هر آن سری که نشد خاک آستانهٔ ما

میان این همه مرغان بسته‌پر ماییم
که داده جور تو بر باد آشیانهٔ ما

هزار عقدهٔ چین را یک انقلاب گشود
ولی به چین دو زلفت شکست شانهٔ ما

اگر میان دو همسایه کشمکش نشود
رَوَد به نام گرو، بی‌قباله خانهٔ ما

به کنج دل ز غم دوست گنجها داریم
تهی مباد از این گنجها خزانهٔ ما

در این وکیل و وزیر ای خدا اثر نکند
فغان صبحدم و نالهٔ شبانهٔ ما

برای محو تو ای کشور خراب بس است
همین نفاق که افتاده در میانهٔ ما

## شماره ۱۷

از بس که غم به سینهٔ من بسته راه را
دیگر مجال آمد و شد نیست آه را

دانم چو دیده دید، دل از کف رَوَد ولی
نتوان نگاه داشت ز خوبان نگاه را

هر شب ز عشق روی تو ای آفتاب‌روی
از دود آه تیره کنم روی ماه را

ما را مخوان به کعبه که در کیش اهل دل
معنی یکی‌ست میکده و خانقاه را

بگشای گوش و هوش که در خلوت صبوح
خوش لذتی است، زمزمهٔ صبحگاه را

زین بیشتر به ریختن خون مردمان
فرصت مباد مردم چشم سیاه را

تو مست خواب غفلتی ای پادشاه حسن
می‌نشنوی خروش دل دادخواه را

## شماره ۱۸

تا دیده دلم عارض آن رشک پری را
پوشیده به تن جامهٔ دیوانه‌گری را

چون مرد هنرپیشه به هر دوره ذلیل است
خوش آنکه کند پیشهٔ خود بی‌هنری را

شب تا به سحر در طلب صبح وصالت
بگرفته دلم دامن آه سحری را

در عصر تمدن چون توحّش شده افزون
بر دیده کشم سرمهٔ عهد حجری را

یاقوت مگر پیش لب لعل تو دم زد
کز رشک، چو من جلوه دهد خون‌جگری را

از روز ازل دست قضا قسمت ما کرد
رسوایی و آوارگی و دربه‌دری را

تا فرخی از سِرّ غم عشق خبر شد
رجحان دهد از هر خبری بی‌خبری را

شماره ۱۹

با بتی تا بَطی از بادهٔ ناب است مرا
گاه پیرانه‌سری عهد شباب است مرا

گوش تا گوش جهان گر شَوَدم زیر نگین
چشم بر گوشهٔ آن چشم خراب است مرا

هست از کثرت جوشیدن دریای جنون
داغ‌هایی که به دل همچو حباب است مرا

بی مَه روی تو، اختر شمرم تا به سحر
شب هجر تو مگر روز حساب است مرا

رنگ خونابه دهد بوی جگرسوختگی
بس که دل ز آتش جور تو کباب است مرا

مایهٔ زندگی امروزه دورنگی گر نیست
بی‌درنگ از چه سوی مرگ شتاب است مرا

چشم من در پی دارایی اسکندر نیست
چشمهٔ آب خضر همچو سراب است مرا

نقش‌هایی که تو در پردهٔ گیتی نگری
همه چون واقعهٔ عالم خواب است مرا

چه کنم گر نکنم زندگی طوفانی
چون به یک چشم زدن خانه بر آب است مرا

## شماره ۲۰

سخت با دل، دل سخت تو به جنگ است اینجا
تا که را دل شکند شیشه و سنگ است اینجا

در بهاران گل این باغ ز غم وا نشود
غنچه تا فصل خزان با دل تنگ است اینجا

نکنم شِکوه ز مژگان تو اما چه کنم
که دل آماجگه نوک خدنگ است اینجا

از می میکدهٔ دهر مشو مست غرور
که به ساغر عوض شهد، شرنگ است اینجا

بی‌خطر کس نبرد گوهر از این لُجّهٔ ژرف
کام دل در گرو کام نهنگ است اینجا

من نه تنها به ره عشق ز پا افتادم
پای یکران فلک خسته و لنگ است اینجا

تا به سرحد جنونم به شتاب آوردی
ای دل! آهسته که هنگام درنگ است اینجا

گل یکرنگ در این باغ نگردد سرسبز
خرّمی قسمت گل‌های دورنگ است اینجا

از خطا بس که در این خطّه سیه‌رو پر شد
پیش بیگانه کم از کشور زنگ است اینجا

فرخی با همه شیرین‌سخنی از دهنت
دم نزد هیچ، ز بس قافیه تنگ است اینجا

## شماره ۲۱

زاهدا چند کنی منع، قدح‌نوشی را         که به عالم ندهم عالم مدهوشی را

بایدش سوخت به هر جمع سراپا چون شمع         هر که از دست دهد شیوهٔ خاموشی را

زندگی بی تو مرا ساخت چنان از جان سیر         که طلب می‌کنم از مرگ هم‌آغوشی را

آن که تا دوش جگرگوشهٔ ناپاکی بود         دارد امروز به پاکان سر هم‌دوشی را

وای بر حافظهٔ ما که ز طفلی همگی         کرده از حفظ الفبای فراموشی را

فرخی گرچه گنهکار و خطاپیشه بود
دارد از لطف تو امّید خطاپوشی را

### شماره ۲۲

با آنکه کسی نیست به وارستگی ما	هست از چه به گیسوی تو دلبستگی ما

بشکست مرا پشت اگر بار درستی	میزان درستی شده بشکستگی ما

ما خسته‌دلان قلب جهانیم و از این رو	دل خسته جهانی ست ز دل خستگی ما

در مملکتی کآتش آشوب بود تند	بی‌جا نبود کُندی و آهستگی ما

از حُسن عمل با خط برجسته از این پس
تاریخ گواه است به برجستگی ما

### شماره ۲۳

باور نکنی گر غم دل گفتن ما را	بین از اثر اشک به خون خفتن ما را

صد بار بهار آمد و یک‌بار ندیدند	مرغان مصیبت‌زده بشکفتن ما را

در زندگی از بس که گران‌جانی ما دید	حاضر نبود مرگ پذیرفتن ما را

رفت از بر من گرچه رهش با مژه رُفتم	ره رَفتن او بنگر و ره رُفتن ما را

جز فرخی از طبع گهربار ندارد
کس طرز غزل گفتن و دُر سفتن ما را

## شماره ۲٤

شرط خوبی نیست تنها جان من گفتار خوب
خوبی گفتار داری، بایدت رفتار خوب

گر تو را تعمیر این ویران‌عمارت لازم است
باید از بهرِ مصالح آوری معمار خوب

بت‌پرست خوب، به از خودپرست بدرفیق
یار بد بدتر بود صد بار از اغیار خوب

خوب دانی کیست پیش خوب و بد در روزگار
آن که می‌ماند ز کار خوب او آثار خوب

رشتهٔ تسبیح سالوسی بد آمد در نظر
زین سپس دست من و زلف تو و زُنّار خوب

نام آزادی ز بدکیشان نمی‌آمد به ننگ
کشور ویران ما را بود اگر احرار خوب

کار طوفان خوب گفتن نیست هر بیکاره را
کار می‌خواهد ز اهل کار، آن هم کار خوب

## شماره ۲۵

نای آزادی کند چون نی نوای انقلاب
باز خون سازد جهان را نینوای انقلاب

انقلاب ما چو شد از دست ناپاکان شهید
نیست غیر از خون پاکان خون‌بهای انقلاب

اندرین طوفان خدا داند که کی غالب شود
ناخدای ارتجاعی یا خدای انقلاب

تا تو را در راه آزادی تن صد چاک نیست
نیستی در پیش یاران پیشوای انقلاب

با خط برجسته در عالم عَلَم گردد به نام
آن که بگذارد به دوش خود لوای انقلاب

گر رهد دستم ز دست این گروه خودپرست
با فداکاری گذارم سر به پای انقلاب

دل چه می‌خواهم نباشد در حدیث عشق دوست
جان چه کار آید نگردد گر فدای انقلاب

شماره ۲۶

با فکر تو موافق ناموس انقلاب
باید زدن به دیر کهن کوس انقلاب

گر دست من رسد ز سر شوق می‌روم
تا خوابگاه مرگ به پابوس انقلاب

از بهرِ حفظ ملک گِزِرسِس بیاورم
در اهتزاز پرچم سیروس انقلاب

خون هزار زاغ بریزم به بوم خویش
آید به جلوه باز چو طاووس انقلاب

از انقلاب ناقص ما بود کاملا              دیدیم اگر نتیجهٔ معکوس انقلاب

سالوس انقلابی ما اهل زرق بود           یاران حذر کنید ز سالوس انقلاب

طوفان خون پدید کند کِلکِ فرخی
آن سربریده تا شده مأنوس انقلاب

## شماره ۲۷

چون شرط وفا هیچ به جز تَرک جفا نیست
گر ترک جفا را نکنی شرط وفا نیست

کس بار نبست از سر کویت که دو صد بار
در هر قدم او را نظری سوی قفا نیست

بر خواهش غیر از چه تو را هست سر جنگ
با آنکه مرا غیر سر صلح و صفا نیست

از وسوسهٔ زاهد سالوس بپرهیز
کانسان که کند جلوه به ظاهر به خفا نیست

بیمار غم عشق تو را تا به قیامت
گر چاره مسیحا کند، امّید شفا نیست

## شماره ۲۸

در کف مردانگی شمشیر می‌باید گرفت
حق خود را از دهان شیر می‌باید گرفت

تا که استبداد سر در پای آزادی نهد
دست خود بر قبضهٔ شمشیر می‌باید گرفت

حق دهقان را اگر مَلّاک، مالک گشته است
از کَفَش بی‌آفت تأخیر می‌باید گرفت

پیر و برنا در حقیقت چون خطاکاریم ما
خرده بر کار جوان و پیر می‌باید گرفت

مورد تنقید شد در پیش یاران راستی
زین سپس راه کج و تزویر می‌باید گرفت

بهرِ مشتی سیر تا کی یک جهانی گرسنه
انتقام گرسنه از سیر می‌باید گرفت

فرخی را چون که سودای جنون دیوانه کرد
بی‌تعقّل حلقهٔ زنجیر می‌باید گرفت

شماره ۲۹

زندگانی گر مرا عمری هراسان کرد و رفت
مشکل ما را به مردن خوب آسان کرد و رفت

جغد غم هم در دل ناشاد ما ساکن نشد
آمد و این بوم را یکباره ویران کرد و رفت

جانشین جم نشد اهریمن از جادوگری
چند روزی تکیه بر تخت سلیمان کرد و رفت

پیش مردم آشکارا چون مرا دیوانه ساخت
روی خود را آن پری از دیده پنهان کرد و رفت

وا نکرد از کار دل چون عقده باد مشک‌بوی
گردشی در چین آن زلف پریشان کرد و رفت

پیش از این‌ها در مسلمانی خدایی داشتم
بت‌پرستم آن نگار نامسلمان کرد و رفت

با رمیدن‌های وحشی آمد آن رعنا غزال
فرخی را با غزل‌سازی غزل‌خوان کرد و رفت

شماره ۳۰

از قناعت خواجهٔ گردون مرا تا بنده است
پیش چشمم چشمهٔ خورشید کی تابنده است

پر نگردد کاسهٔ چشم غنی از حِرص و آز
کیسه‌اش هر چند از مال فقیر آکنده است

حال ماضی سربه‌سر با ناامیدی‌ها گذشت
زین سپس تقدیر با پیش‌آمد آینده است

نیست بی‌خود گردش این هفت کاخ گردگرد
زانکه هر گردنده را ناچار گرداننده است

با سپرافکندگان مُرده ما را کار نیست
جنگ ما همواره با گردن‌کشان زنده است

با چنین سرمایهٔ عزم تزلزل‌ناپذیر
نامهٔ حق‌گوی طوفان تا ابد پاینده است


### شماره ۳۱

در چمن تا قد سرو تو برافراخته است
روز و شب نوحه‌گری کار من و فاخته است

برد با کهنه‌حریفی است که در بازی عشق
هرچه را داشته چون من همه را باخته است

به گمان غلط آن تُرک کمان‌کش چون تیر
روزگاری‌ست مرا از نظر انداخته است

جان من ز آه دل سوخته پرهیز نمای
که بدین سوختگی کار مرا ساخته است

مستی چشم تو با ابروی کج عربده داشت
یا پی کشتن من تیغ ستم آخته است

چنگ بر طُرّهٔ پُر چین تو زد آن که چو باد
تا ختن از پی این مشک ختا تاخته است

فرخی دل‌خوش از آن است که این مردم را
یک‌به‌یک دیده و سنجیده و بشناخته است

## شماره ۳۲

آن طایری که در قفس تنگ خانه داشت
در دل کجا دگر هوس آب و دانه داشت

دست زمانه کی کندش پایمال جور
هر سر که پاس خدمت این آستانه داشت

بهر گره‌گشایی دل تاخت تا خُتَن
آن باد مشکبوی که در دست شانه داشت

ما را به روز وصل چرا آشنا نکرد
تأثیر در دلت اگر آه شبانه داشت

چون نی نوا شد از دل هر بی‌نوا بلند
ساز تو بس که شور و نوا در ترانه داشت

دیشب به جرم آنکه ز هجران نمرده‌ایم
امروز بهر کشتن ما صد بهانه داشت

چون نافه خون‌به‌دل ز غزالان مشک‌موست
هر کس چو فرخی غزل عاشقانه داشت

شماره ۳۳

هرگز دلم برای کم و بیش غم نداشت
آری نداشت غم که غم بیش و کم نداشت

در دفتر زمانه فُتَد نامش از قلم
هر ملتی که مردم صاحب‌قلم نداشت

در پیشگاه اهل خرد نیست محترم
هر کس که فکر جامعه را محترم نداشت

با آنکه جیب و جام من از مال و می تهی‌ست
ما را فراغتی است که جمشید جم نداشت

انصاف و عدل داشت موافق بسی ولی
چون فرخی موافق ثابت‌قدم نداشت

شماره ۳۴

جان من تنها نه خوبان را صباحت لازم است
غیر خوبی خوب‌رویان را ملاحت لازم است

مرد با آزرم را در پیش مردم آب نیست
تا دونان‌گیری از این دونان وقاحت لازم است

تا ز دشنامی مگر آن لب نمک‌پاشی کند
بر دل صد پارهٔ ما صد جراحت لازم است

کُشت ما را زندگی ای مرگ آخر همّتی
کز پس یک عمر زحمت استراحت لازم است

در غزل تنها نیاید دلربایی دل‌پسند
بلکه غیر از دلربایی‌ها فصاحت لازم است

## شماره ۳۵

دل زارم که عمرش جز دمی نیست
دمی بی‌یاد روی همدمی نیست

به یاد همدم این یکدم تو خوش باش
که این دم هم دمی هست و دمی نیست

در این عالم خوشم با عالم عشق
که در عالم به از این عالمی نیست

ندارد صبح عیدی دور گردون
که پیشاهنگ شام ماتمی نیست

بسی ناگفتنی‌ها دارم اما
نمی‌گویم به کس چون محرمی نیست

فشاندم بس که خون از چشمهٔ چشم
به چشم خون‌فشان دیگر نَمی نیست

به تیغم چون زدی تیغ دگر زن
که جز این زخم ما را مرهمی نیست

## شماره ۳۶

هر لحظه مزن در که در این خانه کسی نیست
بیهوده مکن ناله که فریادرسی نیست

شهری که شه و شحنه و شیخش همه مستند
شاهد شکند شیشه که بیم عسسی نیست

آزادی اگر می‌طلبی غرقه به خون باش
کاین گلبن نوخاسته بی‌خار و خسی نیست

دهقان رهد از زحمت ما یک نفس اما
آن روز که دیگر ز حیاتش نفسی نیست

با بودن مجلس بود آزادی ما محو
چون مرغ که پابسته ولی در قفسی نیست

گر موجد گندم بود از چیست که زارع
از نان جوین سیر به قدر عدسی نیست

هر سر به هوای سر و سامانی و ما را
در دل به جز آزادی ایران هوسی نیست

تازند و برند اهل جهان گوی تمدن
ای فارْس مگر فارِسِ ما را فرسی نیست

در راه طلب فرخی ار خسته نگردید
دانست که تا منزل مقصود بسی نیست

## شماره ۳۷

در شرع ما که قاعدهٔ اختصاص نیست
حق عوام نیز قبول خواص نیست

دیگر دم از تفاوت شاه و گدا مزن
بگزین طریقه‌ای که در آن اختصاص نیست

گفتم که انتقام ز اشراف دون بگیر
گفتی هنوز موقع کین و قصاص نیست

اینک به چنگ مرتجعین اوفتاده‌ای
آنسان که از برای تو راه خلاص نیست

از دست پافشاری خود فرخی فتاد
در ورطه‌ای که هیچ امید خلاص نیست

## شماره ۳۸

این نیست عرق کز رخ آن ماه‌جبین ریخت
خورشید فلک رشتهٔ پروین به زمین ریخت

دیگر مزن از صلح و صفا دم که حوادث
در خرمن ابنای بشر آتش کین ریخت

زهری که ز سرمایه به دُم داشت توانگر
در کام فقیران به دَم بازپسین ریخت

هر قطره شود بحری و آید به تلاطم
این خون شهیدان که به نزهتگه چین ریخت

از نقشهٔ گیتی شودش نام و نشان محو
هر کس که پی محو بشر طرح چنین ریخت

با اشک روان تودهٔ زحمت‌کش دنیا
در دامن صد پارهٔ خود دُرّ ثمین ریخت

هر خاک مصیبت که فلک داشت از این غم
یکجا به سر فرخی خاک‌نشین ریخت

## شماره ۳۹

این دل ویران ز بیداد غمت آباد نیست
نیست آبادی بلی آنجا که عدل و داد نیست

وا نشد از شانه یک مو عقده از کار دلم
در خم زلفت کسی مشکل‌گشا چون باد نیست

کوه‌کندن درخور سرپنجهٔ عشق است و بس
ورنه این زور و هنر در تیشهٔ فرهاد نیست

در گلستان جهان یک گل به آزادی نرُست
همچو من سرو چمن هم راستی آزاد نیست

یا اسیران قفس را نیست کس فریادرس
یا مرا از ناامیدی حالت فریاد نیست

هر که را بینی به یک راهی گرفتار غم است
گوئیا در روی گیتی هیچ‌کس دل‌شاد نیست

کرده از بس فرخی شاگردی اهل سخن
در غزل گفتن کسی مانند او استاد نیست

شماره ۴۰

جهان‌نمای درستی، دل شکستهٔ ماست
کلید قفل حقیقت زبان بستهٔ ماست

مگو چه دانهٔ تسبیح از چه پامالیم
که عیب ما همه از رشتهٔ گسستهٔ ماست

دو دسته یکسره در جنگ و تودهٔ بدبخت
در این مبارزه پامال هر دو دستهٔ ماست

نوید صلح امید آن که می‌دهد به بشر
سفیر خوش‌خبر و پیک پی‌خجستهٔ ماست

نه غنچه باز، نه گل بو دهد در این گلشن
گواه آن دل تنگ و دماغ خستهٔ ماست

ز قید و بند جهان فرخی بوَد آزاد
که رند دربه‌در و از علاقه رستهٔ ماست

## شماره ۴۱

کیست در شهر که از دست غمت داد نداشت
هیچ‌کس همچو تو بیدادگری یاد نداشت

گوش فریادشنو نیست خدایا در شهر
ورنه از دست تو کس نیست که فریاد نداشت

خوش به گل درد دل خویش به افغان می‌گفت
مرغ بیدل خبر از حیلهٔ صیاد نداشت

عشق در کوه‌کنی داد نشان قدرت خویش
ورنه این مایه هنر تیشهٔ فرهاد نداشت

جز به آزادی ملت نبود آبادی
آه اگر مملکتی ملت آزاد نداشت

فقر و بدبختی و بیچارگی و خون جگر
چه غمی بود که این خاطر ناشاد نداشت

هر بنایی ننهادند بر افکار عموم
بود اگر زآهن، او پایه و بنیاد نداشت

کی توانست بدین پایه دهد داد سخن
فرخی گر به غزل طبع خداداد نداشت

## شماره ۴۲

عشق‌بازی را چه خوش فرهاد مسکین کرد و رفت
جان شیرین را فدای جان شیرین کرد و رفت

یادگاری در جهان از تیشه بهر خود گذاشت
بیستون را گر ز خون خویش رنگین کرد و رفت

دیشب آن نامهربان مه آمد و از اشک شوق
آسمان دامنم را پر ز پروین کرد و رفت

پیش از این‌ها ای مسلمان داشتم دین و دلی
آن بت کافر چنینم بی‌دل و دین کرد و رفت

تا شود آگه ز حال زار دل، باد صبا
مو به مو گردش در آن گیسوی پُر چین کرد و رفت

وای بر آن مردم‌آزاری که در ده روز عمر
آمد و خود را میان خلق ننگین کرد و رفت

این غزل را تا غزال مشک‌موی من شنید
آمد و بر فرخی صد گونه تحسین کرد و رفت

## شماره ۴۳

بی‌زر و زور کجا زاری ما را ثمر است
در محیطی که ثمر بر اثر زور و زر است

رأی خود را ز خریت به پشیزی بفروخت
بس که این گاو و خر از قیمت خود بی‌خبر است

هرچه رأی از دل صندوق برون می‌آید
دادش از رأی خر و ناله‌اش از رأی خر است

بر سر سخت چو سندان غنی، مشت فقیر
کارگر هست اگر چون چکش کارگر است

توده تا رأی‌فروشی است فنش، رأی کثیر
مال یک سلسله مفت‌خور مفت خر است

غزل نامهٔ طوفان به مضامین جدید
در بر خسرو شیرین‌دهنان چون شکر است

شماره ٤٤

در غمت کاری که آه آتشینم کرده است
آن‌قدر دانم که خاکسترنشینم کرده است

دولت وصل تو شیرین‌لب به رغم آسمان
با گدایی خسرو روی زمینم کرده است

تا برون آرم دمار از آن گروه ماردوش
تربیت همدوش پور آبتینم کرده است

خاک کوی آن بهشتی‌طلعت غِلمان‌سرشت
بی‌نیاز از کوثر و خلد برینم کرده است

سوختم از دست غم پا تا به سر در راه عشق
چند گویم آن‌چنان یا این‌چنینم کرده است

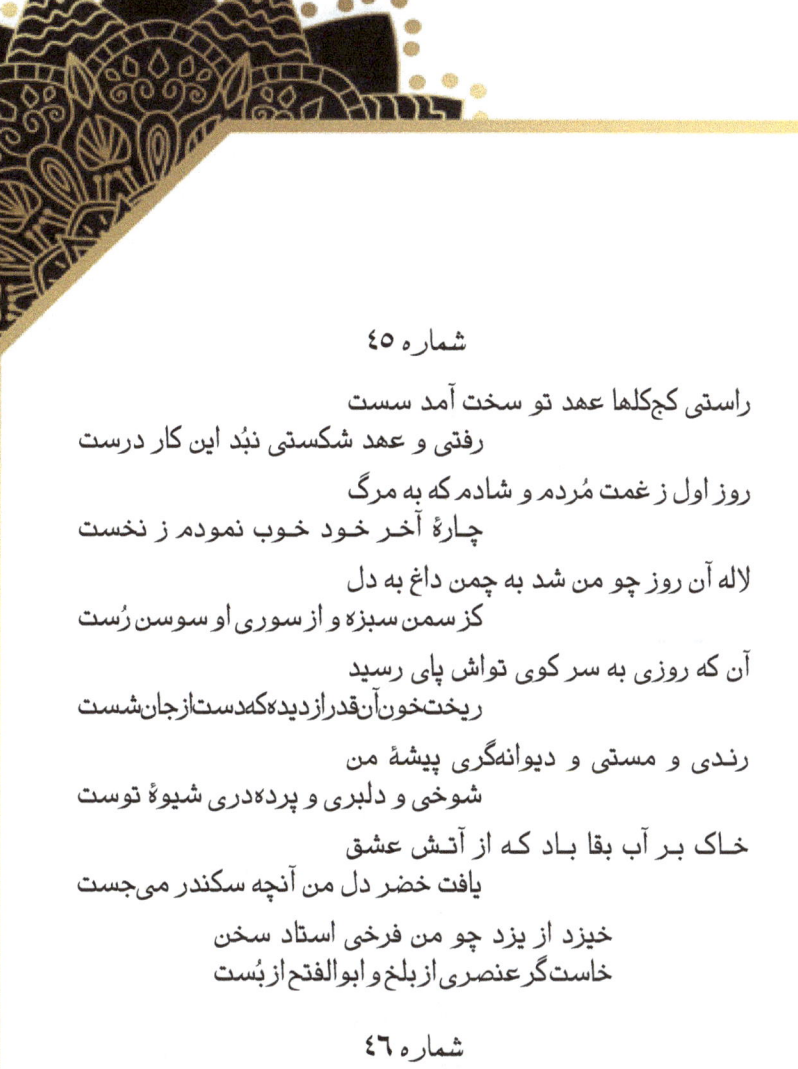

## شماره ٤٥

راستی کج‌کلها عهد تو سخت آمد سست
رفتی و عهد شکستی نبُد این کار درست

روز اول ز غمت مُردم و شادم که به مرگ
چارهٔ آخر خود خوب نمودم ز نخست

لاله آن روز چو من شد به چمن داغ به دل
کز سمن سبزه و از سوری او سوسن رُست

آن که روزی به سر کوی تواش پای رسید
ریخت خون آن قدر از دیده که دست از جان شست

رندی و مستی و دیوانه‌گری پیشهٔ من
شوخی و دلبری و پرده‌دری شیوهٔ توست

خاک بر آب بقا باد که از آتش عشق
یافت خضر دل من آنچه سکندر می‌جست

خیزد از یزد چو من فرخی استاد سخن
خاست گر عنصری از بلخ و ابوالفتح از بُست

## شماره ٤٦

سوگواران را مجال بازدید و دید نیست
بازگرد ای عید از زندان که ما را عید نیست

گفتنِ لفظِ «مبارک بادِ» طوطی در قفس
شاهدِ آیینه‌دل داند که جز تقلید نیست

عید نوروزی که از بیداد ضحّاکی عزاست
هرکه شادی می‌کند از دودهٔ جمشید نیست

سر به زیرِ پَر از آن دارم که دیگر این زمان
با من آن مرغ غزل‌خوانی که می‌نالید نیست

بی‌گناهی گر به زندان مُرد با حال تباه
ظالمِ مظلوم‌کش هم تا ابد جاوید نیست

هرچه عریان‌تر شدم گردید با من گرم‌تر
هیچ یار مهربانی بهتر از خورشید نیست

وای بر شهری که در آن مزد مردان درست
از حکومت غیر حبس و کشتن و تبعید نیست

صحبت عفو عمومی راست باشد یا دروغ
هرچه باشد از حوادث فرخی نومید نیست

### شماره ۴۷

ما را ز انقلاب سر انتخاب نیست
چون انتخاب ما به جز از انقلاب نیست

دستور انتخاب به دستور داده است
دستی که جز به خون دل ما خضاب نیست

افراد خوب جمله زیان می‌کنند و سود
الا نصیب «لیدرِ عالی‌جناب» نیست

گر پرسشی کنی ز خطایای او تو را
جز حرف ژاژ و حربهٔ تهمت جواب نیست

نازم به محفلی که در آن بزم بی‌ریا
فرقی میان هیچ‌کس از شیخ و شاب نیست

شهر خراب و شحنه و شیخ و شهش خراب
گویا در این خرابه به غیر از خراب نیست

رأی خطا به دشمن خود می‌دهد کسی
کز فرط جهل صاحب رأی صواب نیست

## شماره ۴۸

شب غم روز من و ماه محن سال من است
روزگاری‌ست که از دست تو این حال من است

بس که دل‌تنگ از این زندگی تلخ شدم
مُردن اکنون به خدا غایت آمال من است

دوست با هر که شدم دشمن جانم گردید
چه کنم این‌همه از شومی اقبال من است

در میان همه مرغان چمن فصل بهار
آن‌که بشکسته شد از سنگ ستم، بال من است

به گناهی که چو خورشید گرفتم پیشی
چشم هر اختر سوزنده به دنبال من است

فرخی چون تو و من کس به سخندانی نیست
شعر شیرین ز تو و ملک سخن مال من است

شماره ۴۹

گرچه مجنون نمو صحرای جنون جای من است
لیک دیوانه‌تر از من دل شیدای من است

آخر از راه دل و دیده سر آرد بیرون
نیش آن خار که از دست تو در پای من است

رخت بربست ز دل شادی و هنگام وداع
با غمت گفت که یا جای تو یا جای من است

جامه‌ای را که به خون رنگ نمودم امروز
بر جفاکاری تو شاهد فردای من است

چیزهایی که نبایست ببیند، بس دید
به خدا قاتل من دیدهٔ بینای من است

سر تسلیم به چرخ آن که نیاورد فرود
با همه جور و ستم همت والای من است

دل تماشایی تـو، دیـده تماشایی دل
من به فکر دل و خلقی به تماشای من است

آن که در راه طلب خسته نگردد هرگز
پـای پـر آبـلـهٔ بـادیـه‌پـیـمـای مـن اسـت

شماره ۵۰

غم نیست که با اهل جفا مهر و وفا داشت
با اهل وفا از چه دگر جور و جفا داشت

از کوی تو آن روز که دل بار سفر بست
در هر قدمی دیدهٔ حسرت به قفا داشت

همچشمی چشمان سیاه تو نمی‌کرد
در چشم اگر نرگس بی‌شرم، حیا داشت

هـر روز یکی خـواجه فرماندهٔ مـا گشت
یک بنده در این خانه دو صد خانه‌خدا داشت

بـی‌بـرگ و نـوایـی نـفـشـارد جـگـر مـرد
نی با دل سوراخ، دو صد شور و نوا داشت

بشکست دلـم را و نـدانـسـت ز طفلی
کاین گوهر یک‌دانه چه مقدار بها داشت

با دست تهی پا به سر چـرخ برین زد
چون فرخی آن رند که با فقر، غنا داشت

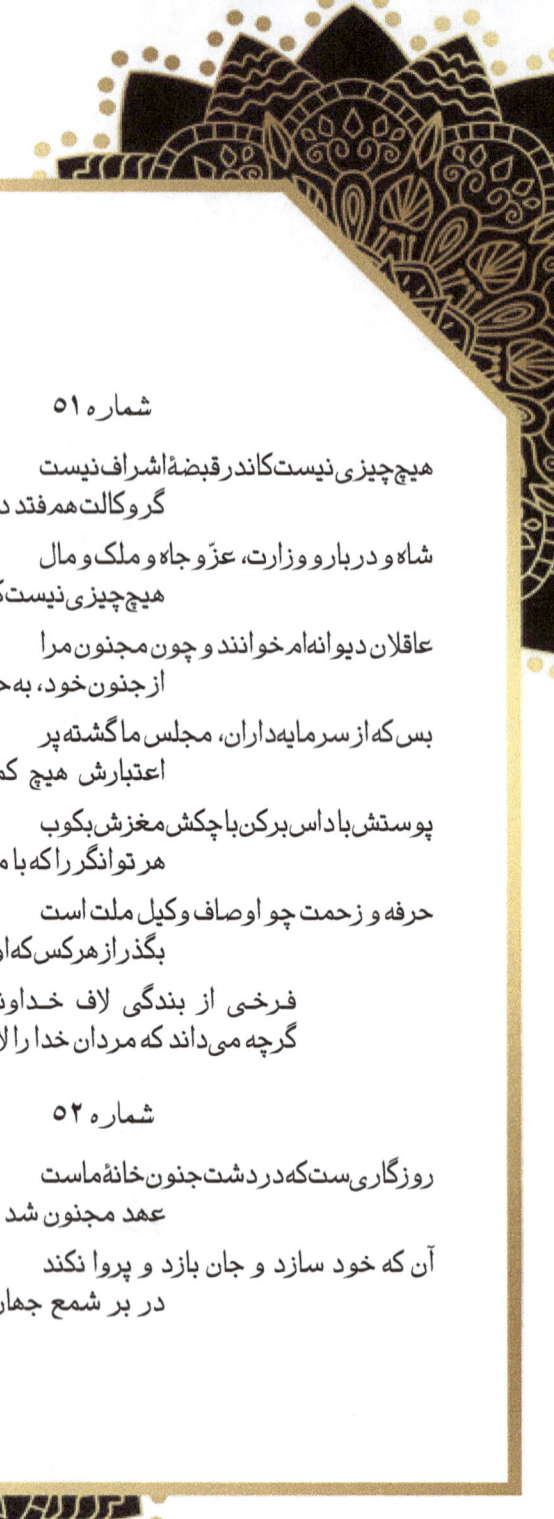

## شماره ۵۱

هیچ چیزی نیست کاندر قبضهٔ اشراف نیست
گر وکالت هم فتد در چنگشان انصاف نیست

شاه و دربار و وزارت، عزّ و جاه و ملک و مال
هیچ چیزی نیست کاندر قبضهٔ اشراف نیست

عاقلان دیوانه‌ام خوانند و چون مجنون مرا
از جنون خود، به حکم عقل استنکاف نیست

بس که از سرمایه‌داران، مجلس ما گشته پر
اعتبارش هیچ کم از دکهٔ صراف نیست

پوستش با داس برکن با چکش مغزش بکوب
هر توانگر را که با ما قلب قلبش صاف نیست

حرفه و زحمت چو اوصاف وکیل ملت است
بگذر از هرکس که او دارای این اوصاف نیست

فرخی از بندگی لاف خداوندی زند
گرچه می‌داند که مردان خدا را لاف نیست

## شماره ۵۲

روزگاری ست که در دشت جنون خانهٔ ماست
عهد مجنون شد و دور دل دیوانهٔ ماست

آن که خود سازد و جان بازد و پروا نکند
در بر شمع جهان‌سوز تو پروانهٔ ماست

هست جانانهٔ ما شاهد آزادی و بس
جان ما در همه‌جا برخی جانانهٔ ماست

شانه‌ای نیست که از بار تملّق خم نیست
راست گر هست از این بار گران شانهٔ ماست

از درستی چو به پیمان‌شکنی تن ندهیم
جای می، خون دل از دیده به پیمانهٔ ماست

## شماره ۵۳

مرگ هم در شب هجران به من ارزانی نیست
بی‌تو گر زنده بماندم ز گران‌جانی نیست

مشکل هر کسی آسان شود از مرگ اما
مشکل عشق بدین سهلی و آسانی نیست

سربه‌سر غافل و پامال شد ایمان از کفر
گوییا در تن ما عِرق مسلمانی نیست

جز جفاکاری و بی‌رحمی و مظلوم‌کشی
شیوه و عادت دربار بریتانی نیست

فتنه در پنجهٔ یک سلسله لرد است و مدام
کار آن سلسله جز سلسله‌جنبانی نیست

ملل از سرخی خون روی‌سفیدند ولیک
هیچ ملت به سیه‌بختی ایرانی نیست

شماره ٥٤

قمری چو من مدیح تو سرو چمن نگفت
گر گفت مدح سرو چمن همچو من نگفت

هرجا روی حکایت شیرین و خسرو است
یک تن سخن ز درد دل کوه‌کن نگفت

پروانه از شراره‌ای از دست رفت لیک
با آنکه شمع سوخت سراپا سخن نگفت

هر کس که دید لعل چو یاقوت دوست را
دیگر سخن ز رنگ عقیق یمن نگفت

خون مرا چو شیر خورد شکّرین‌لبی
کز کودکی درست زبانش لبن نگفت

این دل که شد به حلقهٔ زلفت شبی اسیر
تا روز جز حکایت بند و شکن نگفت

یک عمر وصف حُسن تو گر گفت فرخی
شد باز معترف که به وجه حَسَن نگفت

شماره ٥٥

آن پابرهنه را که به دل حرص و آز نیست
سرمایه‌دار دهر چو او بی‌نیاز نیست

گـر دیـگـران تـعـیّـن مـمـتـاز قائـلـند
ما و مرام خود که در آن امتیاز نیست

کوته نشد زبان عدو گر ز ما، چه غم؟
شادیم از آنکه عمر خیانت دراز نیست

با مشت باز حمله مکن باز لب ببند
گنجشک را تحمل چنگال باز نیست

در شرع ما که خدمت خلق از فرایض است
انصاف طاعتی است که کم از نماز نیست

بیچارگی ز چار طرف چون شود دچار
غیر از خدای عزوجل چاره‌ساز نیست

در این قمارخانه که جان می‌رود گرو
یک تن حریف فرخی پاک‌باز نیست

## شماره ٥٦

از ره داد ز بیدادگران باید کُشت
اهل بیدادگر این است و گران باید کشت

پردهٔ ملک دریدند چو از پرده‌دری
فاش و بی‌پرده از این پرده‌دران باید کشت

آن‌که خوش‌پوشد و خوش‌نوشد و بی‌کار بود
چون خورد حاصل رنج دگران باید کشت

آزمودیم و ز ابنای بشر جز شر نیست
خیرخواهانه از این جانوران باید کشت

مسکنت را ز دم داس درو باید کرد
فقر را با چکش کارگران باید کشت

بی‌خبر تا که بود از دل دهقان مالک
خبر این است کز آن بی‌خبران باید کشت

هرچه گفتیم و نوشتیم چو آدم نشدند
زین سپس اول از این گاو و خران باید کشت

## شماره ۵۷

از دست تو کس همچو من بی‌سر و پا نیست
گر هست چو من این همه انگشت‌نما نیست

خود عقدهٔ خود را ز دل از گریه گشودم
دیدم که کسی بهر کسی عقده‌گشا نیست

از صفحهٔ زنگاری افلاک شود محو
هر نام که در دفتر ارباب وفا نیست

زندان نفس یا قفس دل بودش نام
هر سینه که آماجگه تیر بلا نیست

در دایرهٔ فقر قدم نه که در آن خط
یک نقطه تو را فاصله با شاه و گدا نیست

از راه صنم پی به صمد بردم و دیدم
راهی به خدا نیست که آن ره به خدا نیست

با منفعت صنفی خود فرخی امروز
خود در صدد کشمکش فقر و غنا نیست

## شماره ۵۸

کینهٔ دشمن مرا گفتی چرا در سینه نیست؟
بس که مهر دوست آنجا هست جای کینه نیست!

نقد جان را رایگان در راه آزادی دهیم
گر به جیب و کیسه ما مفلسان نقدینه نیست

گنج عزت، کنج عزلت بود آن را دل چو یافت
دیگرش از بی‌نیازی حاجت گنجینه نیست

خواستم مثبت شوم باشد اگر کابینه خوب
چون بدیدم، دیدم این کابینه آن کابینه نیست

رفت اگر آن شوم، این مرحوم آمد روی کار
الحق این روز عزا کم زان شب آدینه نیست

جود حاتمبخشی این دستهٔ صالح‌نما
کم ز بذل و بخشش آن صالح پیشینه نیست

خوب و بد را صفحهٔ طوفان نماید منعکس
زانکه این لوح درخشان کمتر از آیینه نیست

### شماره ۵۹

روزگاری‌ست که در دشت جنون خانهٔ ماست
عهد مجنون شد و دور دل دیوانهٔ ماست

پیش زور و زر غالب همه تسلیم شدند
آن که تسلیم نشد همت مردانهٔ ماست

شانه‌ای نیست که از بار تملّق خم نیست
راست گر هست از این بار گران شانهٔ ماست

راه امـن اسـت ولیـک از اثر ناامنی
روز و شب تحت نظر خانهٔ ویرانهٔ ماست

امتحان داد به هنگام عمل لیدر حزب
که به عنوان خودی محرم بیگانهٔ ماست

### شماره ۶۰

آن که آتش برفروزد، آه دل‌افروز ماست
وآن که عالم را بسوزد، نالهٔ جان‌سوز ماست

بر سر ما پا مزن منعم که چندی بعد از این
طایر اقبال و دولت مرغ دست‌آموز ماست

نیست جز انگشتری این گنبد فیروزرنگ
گردشش آن هم به دست طالع فیروز ماست

نام مسکین و غنی روزی که محو و کهنه گشت
با تساوی عموم آن روز نو، نوروز ماست

نوک مژگان تو را با فرخی گفتم که چیست
گفت این برگشته‌پیکان ناوک دل‌دوز ماست

## شماره ۶۱

دوش از مهر به من آن مَه محبوب گذشت
چشم بد دور که آن ماه به من خوب گذشت

مگذر از بیشهٔ ما نیست گرت جرأت شیر
که در اینجا نتوان با دل مرعوب گذشت

مُردم از کشمکش زندگی و حیف که عمر
همه در پیچ و خم کوچهٔ آشوب گذشت

فرخی عمر امانی نفسی بیش نبود
آن هم از آمد و شد، گر بد و گر خوب گذشت

## شماره ۶۲

پیش عاقل بی‌تخصص گر عمل معقول نیست
پس چرا در کشور ما این عمل معمول نیست

واردات و صادرات ما تعادل چون نداشت
هرچه می‌خواهی در ایران فقر هست و پول نیست

با فلاکت مملکت از چهار سو پر سائل است
وز برای این همه سائل کسی مسئول نیست

بس ز بی‌چیزی جهان تاریک شد در پیش چشم
چشم مردم مبتلای نرگس مکحول نیست

در بر دنیای قابل قابلیت هست شرط
قابلیت پیش ما ناقابلان مقبول نیست

گر عزیزی خوار شد از بهرِ آزادی مصر
پیش ملّیّون شرافتمند چون زغلول نیست

کشتهٔ آن قاتلی امروز گشتم کز غرور
تا به فردای قیامت یادش از مقتول نیست

شماره ۶۳

غیر خون آبروی تودهٔ زحمت‌کش نیست
باد بر هم زنِ خاکستر این آتش نیست

هست سیم و زر ما پاک‌دلان پاکی قلب
قلب قلب است که درگاه محک، بی‌غش نیست

در کمان‌خانهٔ ابروی تو در گاه نگاه
تیرهایی‌ست که در ترکش کی‌آرش نیست

من نه تنها ز غم عشق تو دیوانه شدم
عاقلی نیست که مجنون تو لیلی‌وش نیست

بهر تسخیر ادا می‌کند این شیخ ریا
آنچه در قاعده سیبوی و اخفش نیست

همه از کثرت بدبختی خود می‌نالند
گوییا در همه آفاق کسی دل‌خوش نیست

## شماره ٦٤

زندگانی گر مرا عمری هراسان کرد و رفت
مشکل ما را به مردن خوب آسان کرد و رفت

جغد غم هم در دل ناشاد ما ساکن نشد
آمد و این بوم را یک‌باره ویران کرد و رفت

پیش مردم آشکارا چون مرا دیوانه ساخت
روی خود را آن پری از دیده پنهان کرد و رفت

وا نکرد از کار دل چون عقده باد مشک‌بوی
گردشی در چین آن زلف پریشان کرد و رفت

پیش از این‌ها در مسلمانی خدایی داشتم
بت‌پرستم آن نگار نامسلمان کرد و رفت

با رمیدن‌های وحشی آمد آن رعنا غزال
فرخی را با غزل‌سازی غزل‌خوان کرد و رفت

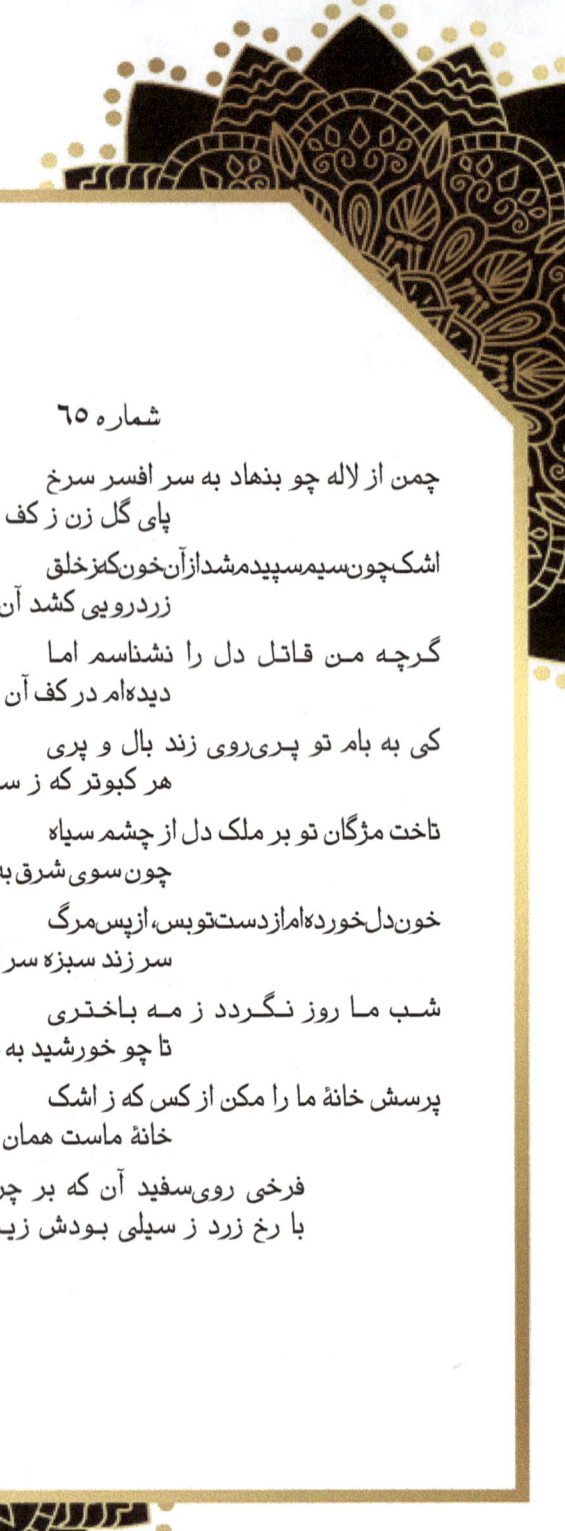

## شماره ۶۵

چمن از لاله چو بنهاد به سر افسر سرخ
پای گل زن ز کف سبزخطان ساغر سرخ

اشک‌چون‌سیم‌سپیدم‌شدازآن‌خون‌کەزخلق
زردرویی کشد آن کس که ندارد زر سرخ

گرچه من قاتل دل را نشناسم اما
دیده‌ام در کف آن چشم سیه خنجر سرخ

کی به بام تو پری‌روی زند بال و پری
هر کبوتر که ز سنگ تو ندارد پر سرخ

تاخت مژگان تو بر ملک دل از چشم سیاه
چون‌سوی‌شرق‌به‌فرمان‌قضا‌لشکر‌سرخ

خون‌دل‌خورده‌ام‌ازدست‌توبس، ازپس‌مرگ
سر زند سبزه سر از تربت من با سر سرخ

شب ما روز نگردد ز مه باختری
تا چو خورشید به خاور، نزنیم اختر سرخ

پرسش خانهٔ ما را مکن از کس که ز اشک
خانهٔ ماست همان خانه که دارد در سرخ

فرخی روی‌سفید آن که بر چرخ کبود
با رخ زرد ز سیلی بودش زیور سرخ

## شماره ٦٦

آن دست دوستی که در اول نگار داد
با دشمنی به خون دل آخر نگار داد

دیدی که باغبان جفاپیشه عاقبت
بر باد، آشیانهٔ چندین هزار داد

می‌خواست خون زکشور دارا رود چو جوی
دستی که تیغ کید به جانوسیار داد

با اختیار تام کند طرد و قتل و حبس
ای داد از کسی که به او اختیار داد

## شماره ٦٧

این ستمکاران که می‌خواهند سلطانی کنند
عالمی را کشته تا یک دم هوس‌رانی کنند

آنچه باقی مانده از دربار چنگیز و نِرُن
باربار آورده و سر بار ایرانی کنند

جشن و ماتم پیش ما باشد یکی، چون برّه را
روزگار جشن و ماتم، هر دو قربانی کنند

روز شادی نیست در شهری که از هر گوشه‌اش
بی‌نوایان بهر نان هر شب نواخوانی کنند

تا به کی با پول این یک مشت خلق گرسنه
صبح عید و عصر جشن و شب چراغانی کنند

با چنین نعمت که می بینند این مردم رواست
شکرها تقدیم دربار بریتانی کنند

شماره ۶۸

باید این دور اگر عالی و گر دون باشد
گنگ و کور و کر و سرگشته چو گردون باشد

در محیطی که پسند همه دیوانه‌گری است
عاقل آن است که در کسوت مجنون باشد

خسرو کشور ما تا بود این شیرین‌کار
لاله‌سان دیدهٔ مردم همه گلگون باشد

عذر تقصیر همی‌خواهد و گوید مأمور
کاین جنایت حسب‌الامر همایون باشد

هرکه زین پیش جوان مُرد و چنین روز ندید
باید از مرگ به جان شاکر و ممنون باشد

نقطهٔ مرکز آیندهٔ ما دانی کیست
آن که امروز از این دایره بیرون باشد

کاوه در جامعهٔ کارگری بارنیافت
به گناهی که طرفدار فریدون باشد

لایق شاه بود قصر نه هر زندانی
حاکم جامعه گر ملت و قانون باشد

فرخی از کرم شاه شده قصرنشین
به تو این منزل نو فرخ و میمون باشد

شماره ٦٩

ای دودهٔ طهمورث، دل یکدله باید کرد
یک سلسله دیوان را در سلسله باید کرد

تا این سر سودایی، از شور نیفتاده
در راه طلب پا را، پُر آبله باید کرد

بدبختیِ ما تنها از خارجه چون نَبْوَد
هر شِکوهِ که ما داریم از داخله باید کرد

با جامهٔ مُستَحفِظ در قافله دزدانند
این راهزنان را طرد، از قافله باید کرد

اهریمنِ استبداد، آزادیِ ما را کشت
نه صبر و سکون جایز، نه حوصله باید کرد

مابینِ بشر شد سد، چون مسئلهٔ سرحد
زین بعد ممالک را، بی‌فاصله باید کرد

## شماره ۷۰

به زندان قفس مرغ دلم چون شاد می‌گردد
مگر روزی که از این بند غم آزاد می‌گردد

ز آزادی جهان آباد و چرخ کشور دارا
پس از مشروطه با افزار استبداد می‌گردد

تپیدن‌های دل‌ها ناله شد آهسته آهسته
رساتر گر شود این ناله‌ها فریاد می‌گردد

شدم چون چرخ سرگردان که چرخ کج‌روش تا کی
به کام این جفاجو با همه بیداد می‌گردد

ز اشک و آه مردم بوی خون آید که آهن را
دهی گر آب و آتش دشنهٔ فولاد می‌گردد

دلم از این خرابی‌ها بُوَد خوش زان که می‌دانم
خرابی چون که از حد بگذرد آباد می‌گردد

ز بیداد فزون آهنگری گمنام و زحمتکش
علمدار و علم چون کاوهٔ حداد می‌گردد

علم شد در جهان فرهاد در جانبازی شیرین
نه هر کس کوه‌کن شد، در جهان فرهاد می‌گردد

دلم از این عروسی سخت می‌لرزد که قاسم هم
چو جنگ نینوا نزدیک شد، داماد می‌گردد

به ویرانی این اوضاع هستم مطمئن زآن‌رو
که بنیان جفا و جور بی‌بنیاد می‌گردد

ز شاگردی نمودن فرخی استاد ماهر شد
بلی هر کس که شاگردی نمود استاد می‌گردد

## شماره ۷۱

«خیزید ز بیدادگران داد بگیرید
وز دادستانان جهان یاد بگیرید

در دادستانی ره و رسم ار نشناسید
در مدرسه این درس ز استاد بگیرید

از تیشه و از کوه گران یاد بیارید
سرمشق در این کار ز فرهاد بگیرید

فاسد شده خون در بدن عارف و عامی
دستور حکیمانه ز فصّاد بگیرید»

تا چند چو صیدید گرفتار دد و دام
از دام برون آمده صیاد بگیرید

ضحاک عدو را به چکش مغز توان کوفت
سرمشق گر از کاوهٔ حداد بگیرید

آزادی ما تا نشود یکسره پامال
در دست ز کین دشنهٔ پولاد بگیرید

## شماره ۷۲

زانقلابی سخت جاری سیل خون باید نمود
وین بنای سست‌پی را سرنگون باید نمود

از برای نشر آزادی زبان باید گشاد
ارتجاعیون عالم را زبون باید نمود

تا که در نوع بشر گردد تساوی برقرار
سعی در الغای القاب و شئون باید نمود

ثروت آن کس که می‌باشد فزون باید گرفت
وآن که کم از دیگران دارد فزون باید نمود

منزل جمعی پریشان، مسکن قومی ضعیف
قصرهای عالیِ اشراف، دون باید نمود

صلح کل چون مستقر شد خارج از جمع لغات
اصطلاح توپ و شمشیر و قشون باید نمود

پاک تا سطح زمین گردد ز ناپاکان «حبیب»
زانقلابی سخت، جاری سیل خون باید نمود

## شماره ۷۳

نارفیقان چون به یکرنگان دورنگی می‌کنند
از چه تفسیر دورنگی را زرنگی می‌کنند

در مقام صلح این قوم ار سپر انداختند
تیغ‌بازی با سلحشوران جنگی می‌کنند

دیو را خوانند همسنگ پری هنگام مهر
روم را درگاه کین همرنگ زنگی می‌کنند

عرض‌وطول‌ارض‌راازبهرِخودخواهندوبس
با همه روزی‌فراخی چشم‌تنگی می‌کنند

شیرمردی را اگر بینند این روبه‌وَشان
خُرد با سرپنجه‌ای خوی پلنگی می‌کنند

نام آزادی برای خویش سازند انحصار
بازی این رُل را حریفان با قشنگی می‌کنند

شماره ۷٤

آن که اندر دوستی ما را در اول یار بود
دیدی آخر بهر ملت دشمن خون‌خوار بود

وآن که ما او را صمدجو سال‌ها پنداشتیم
در نهانش صد صنم پیچیده در دستار بود

زاهد مردمفریب ما که زد لاف صلاح
روز اندر مسجد و شب خانهٔ خمار بود

بی‌قراری گر به ظاهر بودش از عقد قرار
عاقد آن را به باطن محرم اسرار بود

بود یک‌چندی به پیشانیش اگر داغ وطن
شد عیان کان داغ بهر گرمی بازار بود

پای بی‌جوراب دستاویز بودش بهر زهد
با وجود آنکه سر تا پا کله‌بردار بود

فرخی را رشتهٔ تسبیح سالوسی فریفت
گر نهانی متصل آن رشته با زُنّار بود

## شماره ۷۵

دل در کف بیداد تو جز داد ندارد
ای داد که کس همچو تو بیداد ندارد

فریادرسی نیست در این ملک وگرنه
کس نیست که از دست تو فریاد ندارد

این کشور ویرانه که ایران بُوَدش نام
از ظلم یکی خانهٔ آباد ندارد

دل‌ها همه گردیده خراب از غم و اندوه
جز بوم در این بوم، دل شاد ندارد

هرجا گذری صحبت جمعیت و حزب است
حزبی که در این مملکت افراد ندارد

دل در قفس سینهٔ تن، مرغ اسیری‌ست
کز بند غمت خاطر آزاد ندارد

عشق است که صدپاره نماید جگر کوه
این‌گونه هنر تیشهٔ فرهاد ندارد

## شماره ۷۶

جز شور و شر از چشم سیاه تو نریزد
الّا خطر از تیر نگاه تو نریزد

آهسته بزن شانه بر آن زلف پریشان
تا جمع دل از طرف کلاه تو نریزد

کانون شدی ای سینه مگر کز شرر دل
جز اخگر غم زآتش آه تو نریزد

تا در خُم می از پی توبه نکنی غسل
ای شیخ گنهکار گناه تو نریزد

ای خاک مقدس که بوَد نام تو ایران
فاسد بوَد آن خون که به راه تو نریزد

## شماره ۷۷

با تو در پرده دلم راز و نیازی دارد
کس ندانست که در پرده چه رازی دارد

بر سر زلف تو دارد هوس چنگ زدن
دست کوتاه من امید درازی دارد

گرو آخر ببرد در گه بازی ز حریف
پاکبازی که دل و دیدهٔ بازی دارد

خواجه گاهی به نگاهی دل ما را ننواخت
تا بگویم نظر بـنـده‌نـوازی دارد

شمع در ماتم پروانه اگر غمزده نیست
از چه شب تا به سحر سوز و گدازی دارد

خسرو محتشم روی زمین دانی کیست؟
آن گدایی که چو محمود ایـازی دارد

### شماره ۷۸

با ادب در پیش قانون هر که زانو می‌زند
چـرخ، نـوبت را به نام نامی او می‌زند

وآن که شد تسلیم عدل و پیش قانون سر نهاد
پایهٔ قـدرش به کاخ مهر پهلو می‌زند

تا بوَد سرمایه، بهر درهمی سرمایه‌دار
خویشتن را از طمع زین سو بدان سو می‌زند

گر ندیدی حملهٔ مالک به دهقان ضعیف
گرگ را بنگر، چه‌سان خود را به آهو می‌زند

شه اگر مُستَعصِم و ایران اگر بغداد نیست
دشمن اینجا پس چرا بانگ هُلاکو می‌زند

در غزل گفتن غـزال فکر بکر فرخی
طعنه بر گفتار سعد و شعر خواجو می‌زند

## شماره ۷۹

در کهن ایران ویران انقلابی تازه باید
سخت از این سست‌مردم قتل بی‌اندازه باید

تا مگر از زردرویی رخ بتابیم ای رفیقان
چهرهٔ ما را ز خون سرخ دشمن غازه باید

نام ما، در پیش دنیا پست از بی‌همتی شد
غیرتی چون پور کیخسرو بلندآوازه باید

می‌کند تهدید ما را این بنای ارتجاعی
منهدم این کاخ را از صدر تا دروازه باید

فرخی از زندگانی تنگدل شد در جوانی
دفتر عمرش به دست مرگ بی‌شیرازه باید

## شماره ۸۰

پیش خود تا فکر نفع بی‌نهایت می‌کند
کارفرما کارگر را کی رعایت می‌کند

ماه نو با روی پر خون شفق را کن نگاه
کان ز داس و دست دهقانان حکایت می‌کند

فوری از نای وزیر آید نوای راضی‌ام
از فلان مأمور اگر ملت شکایت می‌کند

آخر ای مظلوم از مظلوم چون خود یاد کن
چون ببینی ظالم از ظالم حمایت می‌کند

آه مظلومان چو آتش در میان پنبه است
چون فتد اینجا به آنجا هم سرایت می‌کند

بگذرند از کبریایی گر خداوندان آز
ثروت دنیا خلایق را کفایت می‌کند

از طریق نامهٔ طوفانی خود فرخی
اهل ثروت را به سوی حق هدایت می‌کند

## شماره ۸۱

اگر مرد خردمندی تو را فرزانگی باید
وگر همدرد مجنونی غم دیوانگی باید

رفیقی باید م‌همدم، به شادی یار و در غم هم
وزین خویشان نامحرم مرا بیگانگی باید

من و گنج سخن‌سنجی که کُنجی خواهد و رنجی
چو من گر اهل این گنجی تو را ویرانگی باید

چو زد دهقان زحمت‌کش به کشت عمر خود آتش
تو را ای مالک سرکش جوی مردانگی باید

قناعت داده دنیا را گروه بی‌سر و پا را
چرا با این غنا ما را، غم بی‌خانگی باید

در این بی‌انتها وادی، چو پا از عشق بنهادی
به گرد شمع آزادی، تو را پروانگی باید

## شماره ۸۲

ابر چشم از سوز دل تا گریه را سر می‌کند
هرکجا خاکی‌ست از باران خون تر می‌کند

تا ز خسرو آبروی آتش زرتشت ریخت
گنج بادآور ز حسرت خاک بر سر می‌کند

خیر در جنس بشر نبوَد خدایا رحم کن
این بشر را کز برای خیر خود شر می‌کند

سیم را نابود باید کرد کاین شیء پلید
مؤمن صدساله را یک‌روزه کافر می‌کند

خاک پای سرو آزادم که با دست تهی
سرفرازی بر درختان توانگر می‌کند

## شماره ۸۳

کام دلم ز وصل تو حاصل نمی‌شود
گیرم که شد، دگر دل من دل نمی‌شود

دیوانه‌ای که مزهٔ دیوانگی چشید
با صد هزار سلسله عاقل نمی‌شود

اجرا نشد میان بشر گر مرام ما
آجل شود اگرچه به عاجل نمی‌شود

حق گر خورد شکست ز یک دسته بی‌شرف
حق است و حق به مغلطه باطل نمی‌شود

زور و فشار و سختی و تهدید و گیر و دار
با این رویه حل مسائل نمی‌شود

تکفیر و ارتجاع و خرافات و های هوی
از این طریق طی مراحل نمی‌شود

مجلس مقام مردم ناپاک‌دل مخواه
کاین جای پاک جای اراذل نمی‌شود

یک ملک بی‌عقیده و یک شهر چاپلوس
یا رب بلا برای چه نازل نمی‌شود؟

نازم به عزم ثابت چون کوه فرخی
کز باد سهمگین متزلزل نمی‌شود

شماره ۸٤

این غرقه به خاک و خون دلی بود
یا طایر نیم بِسمِلی بود

از دست تو قطره‌قطره خون شد
یک چند اگر مرا دلی بود

مجنون که کناره جُست زین خلق
دیوانه نمای عاقلی بود

دل داشت هوای دام صیاد
پیداست که صید غافلی بود

جز آنکه بکشت جان زد آتش
از عشق مرا چه حاصلی بود

جان داد شهید عشق و تا حشر
شرمندهٔ تیغ قاتلی بود

اندیشهٔ وصل هرچه کردم
الحق که خیال باطلی بود

شماره ۸۵

چون ز شهر آن شاهد شیرین‌شمایل می‌رود
در قفایش، کاروان در کاروان، دل می‌رود

همچو کز دنبال او وادی به وادی چشم رفت
پیش‌پیشش اشک هم منزل به منزل می‌رود

دل اگر دیوانه نبوَد الفتش با زلف چیست
کی به پای خویش عاقل در سلاسل می‌رود

چون به باطن در جهان نبوَد وجودی غیر حق
حق بوَد آن هم که در ظاهر به باطل می‌رود

یارب این مقتول عشق از چیست کز راه وفا
سر به کف بگرفته استقبال قاتل می‌رود

کوی لیلی بس خطرناک است ز آنجا تا به حشر
همچو مجنون بازگردد هرچه عاقل می‌رود

## شماره ۸۶

خرّم آن روزی که ما را جای در میخانه بود
تا دل شب بوسه‌گاه ما لب پیمانه بود

عقده‌های اهل دل را مو به مو می‌کرد باز
در کف مشّاطهٔ باد صبا گر شانه بود

با من و مرغ بهشتی کی شود هم آشیان
آن نظر تنگی که چشمش سوی آب و دانه بود

سوخت از یک شعله آخر شمع را پا تا به سر
برق آن آتش که در بال و پر پروانه بود

فرق شهر و دشت از نقص جنون کی می‌گذاشت
راستی مجنون اگر مانند من دیوانه بود

خانهٔ آباد ما را کرد در یک دم خراب
جور و بیدادی که در این کشور ویرانه بود

هر که را از جنس این مردم گرفتم یار خویش
دیدم از ناآشنایی محرم بیگانه بود

روزگار او را نسازد پست همچون فرخی
هر که با طبع بلند و همت مردانه بود

## شماره ۸۷

سراپا کاخ این زورآوران گر زیوری دارد
ولی بزم تهی‌دستان صفای دیگری دارد

نیارد باد امشب خاک راهش را برای ما
مگر در رهگذار او کسی چشم تری دارد

نگار من مسلمان است و در عین مسلمانی
به محراب دو ابرو چشم مست کافری دارد

مکن هرگز بدی با ناتوانان از توانایی
که‌گیتی بهر خوب و زشت مردم دفتری دارد

ز عریانی ننالد مرد با تقوی که عریانی
بوَد بهتر ز شمشیری که در خود جوهری دارد

سر قتل محبّان داشتی اما ندانستی
میان عاشقان هم فرخی آخر سری دارد

## شماره ۸۸

بهار آمد و در جام باده باید کرد
به فکر سادهٔ من فکر ساده باید کرد

به سرسپردهٔ خود عارفی چه خوش می‌گفت
که دستگیری از پا فتاده باید کرد

بر اسب پیل‌تن ای شه اگر سوار شدی
تفقّدی به گدای پیاده باید کرد

هزار عقده گشاید اراده و تصمیم
پی گرفتن تصمیم اراده باید کرد

چو در میان دو همسایه کشمکش افتاد
بگو به خانه‌خدا استفاده باید کرد

زبون شدیم ز بس وقت کار حرف زدیم
زبان ببسته و بازو گشاده باید کرد

به بنده‌ای که چو من ای خدا ندادی هیچ
ز عدل و داد تو شکر نداده باید کرد

## شماره ۸۹

شد بهار و مرغ دل افغان چه بلبل می‌کند
عاشقان را فصل گل گویا جنون گل می‌کند

آنچه از بوی گل و ریحان به دست آرد نسیم
صرف پاانداز آن زلف چو سنبل می‌کند

کی شود آباد آن ویرانه کز هر گوشه‌اش
یک ستمکاری تعدّی یا تطاول می‌کند

دسترنج کارگر را تا به کی سرمایه‌دار
خرج عیش و نوش و اشیای تجمل می‌کند؟

کشور جم سر به سر پامال شد، از دست رفت
پور سیروس ای خدا تا کی تحمل می‌کند؟

می‌کند در مملکت غارتگری مأمور جزء
جزء آری در عمل تقلید از کل می‌کند
ناجی ایران بود آنکس که در این گیرودار
خوب میزان سیاست را تعادل می‌کند

### شماره ۹۰

کاخ جور تو گر از سیم بنایی دارد
کلبهٔ بی‌در ما نیز صفایی دارد

همچو نی با دل سوراخ کند ناله ز سوز
بینوایی که چو من شور و نوایی دارد

در غم عشق تو مُردیم و ننالیم که مَرد
نکند ناله ز دردی که دوایی دارد

پا نهد بر سر خوبان جهان شانه‌صفت
هر که دست و هنر عقده‌گشایی دارد

آتش ظلم در این خاک نگردد خاموش
مهد زرتشت عجب آب و هوایی دارد

گر به کام تو فلک دور زند غرّه مشو
که جهان از پی هر سور، عزایی دارد

پس چرا از ستم و جور چنین گشته خراب
آخر این خانه اگر خانه‌خدایی دارد

## شماره ۹۱

نازم آن سرو خرامان را که از بس ناز دارد
دستهٔ سنبل مدام از شانه پانداز دارد

رونما گیرد ز گل چون رو نماید در گلستان
بر عروسان چمن آن نازنین بس ناز دارد

ساختم با سوختن یک عمر در راه محبت
عشق عالمسوز آری سوز دارد، ساز دارد

زین اسیران مصیبت‌دیده نبوَد چون من و دل
مرغ بی‌بالی که در دل حسرت پرواز دارد

با خداوندی نگردید از طمع این بنده قانع
خواجهٔ ما تا بخواهی حرص دارد، آز دارد

دست باطل قفل غم زد بر زبان مرغ حق‌گو
ورنه این مرغ خوش‌الحان صدهزار آواز دارد

با رمیدن رام سازد آن غزال مشک‌مو را
هرکه همچون فرخی طبع غزل‌پرداز دارد

## شماره ۹۲

دلم امروز چون قمری سر نالیدنی دارد
مگر آن سروقد فردا به خود بالیدنی دارد

چو من در این چمن جز غنچه دل‌تنگی نشد پیدا
که در شب گر خورَد خون، صبحدم خندیدنی دارد

ز حسن بی‌بقا ای گل مکن خون در دل بلبل
که دست انتقام باغبان گل‌چیدنی دارد

رمیدن دید بس در زندگانی این دل وحشی
به مرگ ناگهانی میل آرامیدنی دارد

دلم از دیدن نادیدنی‌ها کی شود غمگین
که این نادیدنی‌های جهان هم دیدنی دارد

## شماره ۹۳

چون سبو در پای خم هر کس چو من سر سوده بود
همچو ساغر دورها از دست غم آسوده بود

پارسایان را ز بس مستی گریبان‌گیر شد
دامن هر کس گرفتیم از شراب آلوده بود

دودمان چرخ از آن روشن بود تا رستخیز
زآنکه همچون آفتاب او را چراغ دوده بود

آن که راه سود خود را در زیان خلق دید
از ره بی‌دانشی راه خطا پیموده بود

تا نخوردم می ندانستم که در ایام عمر
جز غم می‌آنچه می‌خوردم غم بیهوده بود

وای بر آن شهر بی‌قانون که قانون اندر آن
همچو اندر کافرستان مصحف فرسوده بود

آن که در زنجیر کرد افکار ما را فرخی
در حقیقت آفتابی را به گل اندوده بود

شماره ۹٤

هر آن که سخت به من لاف آشنایی زد
به روز سختی من دم ز بی‌وفایی زد

به بینوایی خود شد دلم چو نی سوراخ
دمی که نی به نوا داد بینوایی زد

دکان پستهٔ بی‌مغز بسته شد آن روز
که با دهان تو لبخند خودنمایی زد

دریده‌چشمی نرگس ببین که چشم تو را
بدید و باز سر از گل ز بی‌حیایی زد

فدای همّت آن رهروم که بر سر خار
هزار افسر گل با برهنه‌پایی زد

ز شوخ پارسی آن شیخ پارسا چه شنید
که پشت پا به مقامات پارسایی زد

مقام شانه به سر شد از آن که سر تا پای
همیشه دست به کار گره‌گشایی زد

به روزگار رضا هر که را که من دیدم
هزار مرتبه فریاد نارضایی زد

به ناخدایی این کشتی شکسته مناز
که ناخدا نتواند دم از خدایی زد

به من غزال غزل‌خوان من از آن شد رام
که فرخی ره او با غزل‌سرایی زد

## شماره ۹۵

گر یوسف من جلوه چنین خوب نماید
خون در دل نوباوهٔ یعقوب نماید

خون‌ریزی ضحاک در این ملک فزون گشت
کو کاوه که چرمی به سر چوب نماید

مپسند خدایا که سر و افسر جم را
با پای ستم، دیو، لگدکوب نماید

کو دست توانا که به گلزار تمدن
هر خار و خسی ریخته جاروب نماید

ای شحنه بکش دست ز مردم که در این شهر
غیر از تو کسی نیست که آشوب نماید

سلطان حقیقی بود آن کس که توانست
خود را به برِ جامعه محبوب نماید

هرکس نکند تکیه بر افکار عمومی
او را خطر حادثه مغلوب نماید

بر فرخی آورد فشار آنچه مصائب
او را نتوانست که مرعوب نماید

## شماره ۹۶

دل مایهٔ ناکامی‌ست از دیده برون باید
تن جامهٔ بدنامی‌ست آغشته به خون باید

از دست خردمندی، دل را به لب آمد جان
چندی سر سودایی پابند جنون باید

شمشیر زبان ای دل، کامت نکند حاصل
در پنجهٔ شیر عشق یک عمر زبون باید

شب‌تابه‌سحرچون‌شمع، می‌سوزمومی‌گوید
گر عاشق دل‌سوزی سوز تو فزون باید

گر کشته شدن باشد پاداش گنهکاری
ای بس تن بدکاران کز دار نگون باید

## شماره ۹۷

پاسبان خفتهٔ این دار گر بیدار بود
کی برای کیفر غارتگران بی‌دار بود

پردهٔ دل تا نشد چاک از غمت پیدا نگشت
کز پس یک پرده پنهان صدهزار اسرار بود

ناتوانی بین که درمان دل بیمار خویش
جُستم‌از‌چشمی‌که‌آن‌هم‌از‌قَضا‌بیمار‌بود

در شب غم آن که دامان مرا از کف نداد
با گواهی دادن دل دیدهٔ خون‌بار بود

نیست گوش حق‌نیوشی در خراب‌آباد ما
ورنه از دست تو ما را شِکوه بسیار بود

### شماره ۹۸

آنــان کــه بی‌مطالعه تقدیر می‌کنند
خواب ندیده است که تعبیر می‌کنند

عـمری بــوَد کــه کــافر راه محبتیم
ما را دگر بــرای چــه تکفیر می‌کنند

بـازیـگران کـه بـا دُم شـیرند آشـنا
غافل که تکیه بر دَم شمشیر می‌کنند

در خاک پاک ری که عزازیل را رُنود
با آب رشـوه راحـت و تطهیر می‌کنند

تـا زر بــود مـیان تــرازو مـن و تو را
بـا زور آن مـساعده تسخیر می‌کنند

### شماره ۹۹

بهر آزادی هر آن‌کس استقامت می‌کند
چـارهٔ این ارتـجاع پر وخامـت می‌کند

گو سپر افکن در این شمشیر بازی از نخست
هرکسی کاندیشه از تیر ملامت می‌کند

باید از اول بشوید دست از حق حیات
در محیط مردگان هرکس اقامت می‌کند

در قفس افتد چو شیر شرزه از قانون‌کشی
روبه افسرده ابراز شهامت می‌کند

چون وثوق‌الدولهٔ خائن قوام‌السلطنه
بهر محو مرز ایران استقامت می‌کند

پشت‌کرسی دزدی‌اش مطرح شد و از رو نرفت
الحق این کم‌حس به پررویی کرامت می‌کند

گر صفیر کلک طوفان صور اسرافیل نیست
از چه اکنون با قیام خود قیامت می‌کند

شماره ۱۰۰

با من ای دوست تو را گر سر پرخاش نبود
یار دشمن شدنت در همه‌جا فاش نبود

پافشاری پی حق خود اگر ملت داشت
مال او غارت یک دستهٔ عیّاش نبود

پول تصویبی مجلس نبُد از ماه به ماه
گرد آن کهنه‌حریف این همه کلّاش نبود

معنی دولت قانونی اگر این باشد
نامی از دولت و قانون به جهان کاش نبود

ما طرفداری خورشید حقیقت کردیم
آن زمانی که هُما سُخرهٔ خفاش نبود

با چنین زندگی آری به خدا می‌مردم
اگر این جانیِ بی‌عاطفه نَبّاش نبود

گر به نقادی کابینه نمی‌راند سخن
خامهٔ فرخی این‌قدر گهرپاش نبود

شماره ۱۰۱

گر پریشان خَم گیسوی تو از شانه نبود
هر خَمی منزل جمعی دل دیوانه نبود

تیشه بر سر زد فرهاد و چو شیرین جان داد
دیگران را مگر این همّت مردانه نبود

گر به کنج دل من غیر غمت راه نیافت
جای آن گنج جز این خانهٔ ویرانه نبود

جذبهٔ عشق مرا برد به جایی که ز وصل
فَرق بین فِرَق و مَحرم و بیگانه نبود

خُرّم آن شب که ز پیمانه چو پیمان بستی
شاهد ما و تو جز شاهد پیمانه نبود

### شماره ۱۰۲

چنان کز تاب آتش آب از گرمابه می‌ریزد
ز سوز دل مدام از دیده‌ام خونابه می‌ریزد

به مرگ تهمتن از جور زال چرخ در زابل
چو رود هیرمند اشک از رخ رودابه می‌ریزد

به جان پروانهٔ شمعم که گاه سوختن از غم
سرشک خویش را با حال عجز و لابه می‌ریزد

گَزیدم بس ز ناکامی بس انگشت تحیّر را
از این رو تا قیامت خونم از سبّابه می‌ریزد

گواه دامن پاک سیاوش گشت چون آتش
فلک خاکستر غم بر سر سودابه می‌ریزد

من و دل از غم ماهی ز اشک و آه چون ماهی
گهی در دجله می‌خواهد، گهی در تابه می‌ریزد

### شماره ۱۰۳

آن دسته که سرگشتهٔ سودای جنونند
پا تا به سر از دایرهٔ عقل برونند

دانی که بود رهرو آزادی گیتی
آنان که در این بادیه آغشته به خونند

در محفل ما صحبتی از شاه و گدا نیست
دانی همگی عالی و عالی همه دونند

با پنجه برآرند زبان از دهن شیر
آنان که ز سرپنجهٔ عشق تو زبونند

جویای وکالت ز موکّل نبوَد کم
این دوره جگرسوختگان بس که فزونند

از جلوهٔ طاووسی این خلق بترسید
کز راه دورنگی همه چون بوقلمونند

چون زاغ کشاندند سوی خانه‌خرابی
این خانه‌خرابان که به ما راهنمونند

### شماره ۱۰۴

باز دلبر به دلم عزم شبیخون دارد
که به رخ دیده شبی اشک و شبی خون دارد

می‌رود غافل و خلقش ز پی و من به شگفت
کاین چه لیلی است که صد سلسله مجنون دارد

پای خُم دست پی گردش ساغر بگشای
تا بدانی چه به سر گردش گردون دارد

شور شیرین نه همین تارَک فرهاد شکافت
بلکه خسرو هم از آن پهلوی گلگون دارد

سرو خاک رهٔ آن رِند که با دست تهی
سَطوت قارنی و ثروت قارون دارد

چشم فتّان تو نازم که به هر گوشه هزار
چون من گوشه‌نشین واله و مفتون دارد

خواری و زاری و آوارگی و دربه‌دری
این همه فرخی از اختر وارون دارد

### شماره ۱۰۵

میْ‌پرستانی که از دور فلک آزرده‌اند
همچو خُم از ساغر دل دورها خون خورده‌اند

نیست حق زندگی آن قوم را کز بی‌حسی
مردگان زنده، بلکه زندگان مرده‌اند

در بر بیگانه و خویش‌اند دائم سرفراز
بهر حقِ خویش، آن قومی که پا بفشرده‌اند

فارِسان فارس را پایِ فَرَس گر لنگ نیست
اهل عالم از چه زیشان گوی سبقت برده‌اند

دودهٔ سیروس را یارب چه آمد کاین‌چنین
بی‌دل و بی‌خون و سست و جامد و افسرده‌اند

شماره ۱۰۶

هر شرارت در جهان فرزند آدم می‌کند
بهر گرد آوردن دینار و درهم می‌کند

آبرو هرگز ندارد آن که در هر صبح و شام
پیش دونان پشت را بهر دو نان خم می‌کند

چون ز غم بیچاره گردی باده با شادی بنوش
کاین اساس شادمانی چارهٔ غم می‌کند

تکیه بر عهد جهان هرگز مکن کاین بی‌وفا
صبح عید عاشقان را شام ماتم می‌کند

زورمندان را طبیعت کرده غارت‌پیشه خلق
آفتاب از این سبب تاراج شبنم می‌کند

فرخی آسودگی در حرص بی‌اندازه نیست
می‌شود آسوده هرکس آز را کم می‌کند


شماره ۱۰۷

عمری‌ست کز جگر، مژه خوناب می‌خورد
این ریشه را ببین ز کجا آب می‌خورد

چشم تو را به دامن ابرو هر آن که دید
گفتا که مست، باده به محراب می‌خورد

خال سیه به کنج لب شکّرین تست
یا هندویی که شیرهٔ عنّاب می‌خورد

دل در شکنج زلف تو چون طفل بندباز
گاهی رَوَد به حلقه و گه تاب می‌خورد

ریزد عرق هرآنچه ز پیشانی فقیر
سرمایه‌دار جای می ناب می‌خورد

غافل مشو که داس دهاقین خون‌جگر
روزی رسد که بر سر ارباب می‌خورد

دارم عجب که با همهٔ امتحان هنوز
ملت فریب «لیدِر» و احزاب می‌خورد

با مشت فرخی شکند گرچه پشت خصم
اما همیشه سیلی از احباب می‌خورد

### شماره ۱۰۸

آنچه را با کارگر سرمایه‌داری می‌کند
با کبوتر پنجهٔ باز شکاری می‌کند

می‌برد از دسترنجش گنج اگر سرمایه‌دار
بهر قتلش از چه دیگر پافشاری می‌کند؟

سال و مه در انتظار قرص نان، شب تا به صبح
دیدهٔ زارع چرا اخترشماری می‌کند؟

تا به کی، ارباب یارب بر خلاف بندگی
چون خدایان بر دهاقین کردگاری می‌کند؟

خاک پای آن تهی‌دستم که در اقلیم فقر
بی‌نگین و تاج و افسر، شهریاری می‌کند

بر لب دریاچه‌های پارک، ای مالک مخند
بین چه سان از گریه دهقان آبیاری می‌کند!

نیش‌های نامهٔ طوفان به قلب خائنین
راست پنداری که کار زخم کاری می‌کند

نوک کلک حق‌نویس تیز و تند فرخی
با طرفداران خارج ذوالفقاری می‌کند

شماره ۱۰۹

گر از دو روز عمر مرا یک نفس بماند
در انتظار ناجی فریادرس بماند

هرکس بِبُرد گوی ز میدان افتخار
جز فارس را که فارِسِ همت فَرَس بماند

دل می‌تپد به سینهٔ تنگم ز سوز عشق
چون مرغ بی‌پری که به کنج قفس بماند

در انتظار یار سفر کرده سال‌هاست
چشمم به راه و گوش به بانگ جرس بماند

مفتی شراب خورد و صُراحی شکست و رفت
مطرب غنا نخواند و به چنگ عَسَس بماند

هر گل شکفت و رفت به باد از جفای چرخ
اما برای خستن دل، خار و خس بماند

در شاهراه علم که اصل سعادت است
هرکس نرفت پیش ز مقصود پس بماند

### شماره ۱۱۰

توده را با جنگ صنفی آشنا باید نمود
کشمکش را بر سر فقر و غنا باید نمود

در صف حزب فقیران اغنیا کردند جای
این دو صف را کاملا از هم جدا باید نمود

این بنای کهنهٔ پوسیده ویران گشته است
جای آن با طرح نو از نو بنا باید نمود

تا مگر عدل و تساوی در بشر مجری شود
انقلابی سخت در دنیا به پا باید نمود

مسکنت را محو باید کرد بین شیخ و شاب
معدلت را شامل شاه و گدا باید نمود

از حصیر شیخ آید دم به دم بوی ریا
چارهٔ آن باریا و بوریا باید نمود

فرخی بی‌ترک جان گفتن در این ره پا منه
زان که در اول قدم جان را فدا باید نمود

### شماره ۱۱۱

آن که از آرا خریدن مسند عالی بگیرد
مملکت را می‌فروشد تا که دلالی بگیرد

یک ولایت را به غارت می‌دهد تا با جسارت
تحفه از حاکم ستاند، رشوه از والی بگیرد

از خیانت کور سازد آن که چشم مملکت را
چشم آن دارد ز ملت مزد کَحّالی بگیرد

روی کرسی وکالت آن که زد حرف از کسالت
اُجرت خمیازه خواهد، حق بی‌حالی بگیرد

از تهی‌مغزی نماید کیسه بیگانه را پر
تا به کف بهر گدایی، کاسه خالی بگیرد

### شماره ۱۱۲

باز طوفان بلا لُجّهٔ خون می‌خواهد
آنچه زین پیش نمی‌خواست، کنون می‌خواهد

آن که بنشاند به این روز سیه ایران را
بر سر دار مجازات نگون می‌خواهد

عاقل کام‌طلب رهرو آزادی نیست
راه گم کرده صحرای جنون می‌خواهد

نوشداروی مجازات که درمان دل است
مفتی و محتسب و عالی و دون می‌خواهد

دست هر بی‌سروپایی نرسد بر خط عشق
مرد از دایرهٔ عقل برون می‌خواهد

خاک این خطّه اگر موج زند همچو سراب
تشنه‌کامی‌ست که از جامعه خون می‌خواهد

فرخی گر همه ناچیز ز بی‌چیزی شد
فقر را باز ز هرچیز فزون می‌خواهد

### شماره ۱۱۳

رسم و ره آزادی یا پیشه نباید کرد
یا آنکه ز جانبازی اندیشه نباید کرد

سودی نبری از عشق گر جرأت شیرت نیست
آسوده گذر هرگز زین پیشه نباید کرد

گر آبِ رَزَت باید ای مالکِ بی‌انصاف
خون دل دهقان را در شیشه نباید کرد

در سایهٔ استبداد پژمرده شد آزادی
این گلبن نورس را بی‌ریشه نباید کرد

با داس و چکش کن محو، این خسروی ایوان را
چون کوه‌کنی هر روز با تیشه نباید کرد

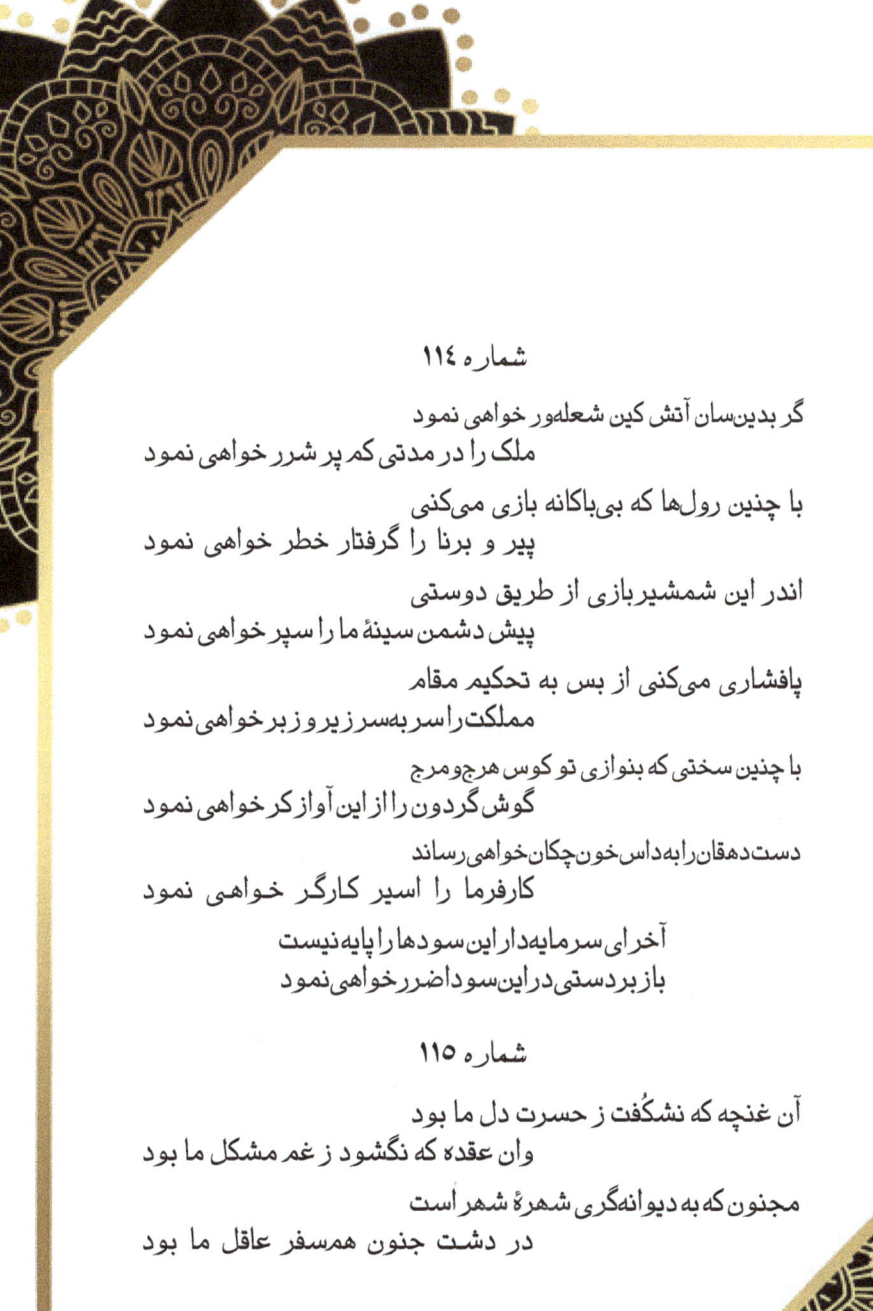

## شماره ۱۱۴

گر بدین‌سان آتش کین شعله‌ور خواهی نمود
ملک را در مدتی کم پر شرر خواهی نمود

با چنین رول‌ها که بی‌باکانه بازی می‌کنی
پیر و برنا را گرفتار خطر خواهی نمود

اندر این شمشیربازی از طریق دوستی
پیش دشمن سینهٔ ما را سپر خواهی نمود

پافشاری می‌کنی از بس به تحکیم مقام
مملکت را سر به‌سر زیر و زبر خواهی نمود

با چنین سختی که بنوازی تو کوس هرج‌ومرج
گوش گردون را از این آواز کر خواهی نمود

دست دهقان را به داس خون‌چکان خواهی رساند
کارفرما را اسیر کارگر خواهی نمود

آخر ای سرمایه‌دار این سودها را پایه نیست
باز بردستی در این سودا ضرر خواهی نمود

## شماره ۱۱۵

آن غنچه که نشکُفت ز حسرت دل ما بود
وان عقده که نگشود ز غم مشکل ما بود

مجنون که به دیوانه‌گری شهرهٔ شهر است
در دشت جنون همسفر عاقل ما بود

گر دامن دل رنگ نبود از اثر خون
معلوم نمی‌شد دل ما قاتل ما بود

سرسبز نگردید هر آن دانه که کشتیم
پا بستهٔ آفت‌زدگی حاصل ما بود

دُردانهٔ مه بود و جگرگوشهٔ خورشید
این شمع شب‌افروز که در محفل ما بود

این سر که به دست غم هجر تو سپردیم
در پای غمت هدیهٔ ناقابل ما بود

از راه صنم پی به صمد بردم و دیدم
مستورهٔ آئینهٔ حق باطل ما بود

## شماره ۱۱۶

هر جا سخن از جلوه آن ماه پری بود
کار من سودازده دیوانه‌گری بود

پرواز به مرغان چمن خوش که در این دام
فریاد من از حسرت بی‌بال و پری بود

گر این همه وارسته و آزاد نبودم
چون سرو چرا بهرهٔ من بی‌ثمری بود

روزی که ز عشق تو شدم بی‌خبر از خویش
دیدم که خبرها همه در بی‌خبری بود

بی تابش مِهر رُخت ای ماه دل‌افروز
یاقوت‌صفت قسمت ما خون‌جگری بود

دردا که پرستاری بیمار غم عشق
شب‌ها همه در عهدهٔ آه سحری بود

ما را ز در خانهٔ خود خانه‌خدا راند
گویا ز خدا قسمت ما دربه‌دری بود

شماره ۱۱۷

یک‌دم دل ما از غم، آسوده نخواهد شد
وین عقده به آسانی، بگشوده نخواهد شد

تا فقر و غنا با هم، در کشمکش و جنگند
اولاد بنی‌آدم، آسوده نخواهد شد

در وادی عشق از جان، تا نگذری ای سالک
این راه پر از آفت، پیموده نخواهد شد

اندیشه کجا دارم، از تهمت ناپاکان
چون دامن ما پاک است، آلوده نخواهد شد

ای شاه‌رخ نیکو، از خط جفا رخ شو
کاین لکّه تو را از رو، بزدوده نخواهد شد

از گفتهٔ ما و من شد تازه غم دیرین
این رسم کهن تا کی، فرسوده نخواهد شد

گر دشمن جان گردند، آفاق به جانِ دوست
یک‌جو غم جانبازان، افزوده نخواهد شد

## شماره ۱۱۸

کانون حقیقت دهن بستهٔ ما بود
قانون درستی، دل بشکستهٔ ما بود

صیّاد از آن رخصت پرواز به ما داد
چون باخبر از بال و پر بستهٔ ما بود

از هر دو جهان چشم به یک چشم زدن بست
آزاد ز بس خاطر وارستهٔ ما بود

هر پَست سزاوار سَرِ دار نگردید
این منزلت و مرتبه شایستهٔ ما بود

اسرار جهان روشن از آن است بر ما
چون مظهر آیینه، دل خستهٔ ما بود

انگشت قضا نامهٔ گیتی چو ورق زد
سردفتر آن مسلک برجستهٔ ما بود

## شماره ۱۱۹

دی تا دل شب آن بت طناز کجا بود؟
تا عقده ز دل باز کند، باز کجا بود؟

گر زیر پر خود نکنم سر چه کنم من
در دام، توانایی پرواز کجا بود

تا بر سر شمشاد چمن پای بکوبد
تردستی آن سرو سرافراز کجا بود

از حرص بود آنچه رسد بر سر آدم
در جنس بشر این طمع و آز کجا بود

تا کی پی آوازه روانیم، ندانیم
خواننده این پردهٔ آواز کجا بود

از جور همه خانه‌خرابیم خدایا
این فتنه‌گر خانه‌برانداز کجا بود

با این غم و این محنت و این سوز نهانی
در فرخی این طبع غزل‌ساز کجا بود

## شماره ۱۲۰

چو مهربان مه من جلوه بی‌نقاب کند
ز غم ستاره‌فشان چشم آفتاب کند

طریق بنده‌نوازی ببین که خواجهٔ من
مرا به عیب هنر داشتن جواب کند

در این طلوع سعادت که روز بیداری‌ست
غرور جهل مبادا تو را به خواب کند

ز فقر آه جگرگوشگان کی‌کاووس
سزد اگر دل سیروس را کباب کند

به این اصول غلط باز چشم آن داری
زمانه داخل آدم تو را حساب کند؟

ز انتخاب چو کاری نمی‌رود از پیش
به پور کاوه بگو فکر انقلاب کند

هر آن که خانهٔ ما فرخی خراب نمود
بگو که خانهٔ او را خدا خراب کند

## شماره ۱۲۱

دلت به حال دل ما چرا نمی‌سوزد؟
بسوزد آن که دلش بهر ما نمی‌سوزد

ز سوز اهل محبت کجا شود آگاه
چو شمع آن که ز سر تا به پا نمی‌سوزد

در این محیط غم‌افزا گمان مدار که هست
کسی که ز آتش جور و جفا نمی‌سوزد

ز دود آه ستم‌دیدگان سوخته‌دل
به حیرتم که چرا این بنا نمی‌سوزد

بگو به کارگر و عیب کارفرما بین
هر آن که گفت که فقر از غنا نمی‌سوزد

غریق بحر فنا ای خدا شدیم و هنوز
برای ما دل این ناخدا نمی‌سوزد

ز تندباد حوادث ز بس که شد خاموش
چراغ عمر من بی‌نوا نمی‌سوزد

## شماره ۱۲۲

طوطی که چو من شُهره به شیرین سخنی بود
با قند تو لب بسته ز شکّرشکنی بود

لعل تو که خاصیّت یاقوت روان داشت
دل‌خون‌کن مرجان و عقیق یمنی بود

چون غنچه زغم تنگدل و خون جگرم ساخت
آن گل که جگرگوشه نازک بدنی بود

در عشق اگر فقر و غنا نیست مؤثر
پس قسمت فرهاد چرا کوه‌کنی بود؟

آلت‌شدگانی که یکی خانه ندارند
جانبازی‌شان از چه ز حُبّ الوطنی بود

گر از غم این زندگی تلخ نمردیم
انصاف توان داد که از بی‌کفنی بود

هم خیر بشر خواهد و هم صلح عمومی
از روز ازل مسلک طوفان علنی بود

## شماره ۱۲۳

سر و کار من اگر با تو دل‌آزار نبود
این همه کار من خون‌شده‌دل، زار نبود

همه گویند چرا دل به ستمگر دادی
دادم آن روز به او دل که ستمکار نبود

می‌شدم آلت هر بی‌سر و پا چون تسبیح
دستگیر من اگر رشتهٔ زنار نبود

یا به من سنگ نزد هیچ‌کس از سنگ‌دلی
یا کسی از دل دیوانه خبردار نبود

همه در پرده ز اسرار سخن‌ها گفتند
لیک بی‌پرده کسی واقف اسرار نبود

هر جنایت که بشر می‌کند از سیم و زر است
کاش از روز ازل درهم و دینار نبود

شحنه‌و شیخ‌و شه‌و شاهد و شیدا همه مست
در همه دیر مغان آدم هشیار نبود

بود اگر جامعه بیدار در این دار خراب
جای سردار سپه جز به سرِ دار نبود

در نمایشگه این صحنهٔ پر بیم و امید
هرچه دیدیم به‌جز پرده و پندار نبود

## شماره ۱۲۴

آن پری چو از، بهر دلبری، زلف عنبرین، شانه می‌کند
در جهان هر آن، دل که بنگری، بی‌قرار و، دیوانه می‌کند

با چنین جمال، گر تو ای صنم، یک زمان زنی، در حرم قدم
همچو کافران، مؤمن حرم، رو به‌سوی بت، خانه می‌کند

شمع را از آن، من شوم فدا، گرچه می‌کشد، ز آتش جفا
پس به سوز دل، گریه از وفا، بهر مرگ پروانه، می‌کند

پیش مردمش، درد و چشم ریش، کی دهد مکان، این دل پریش
یار خویش را، کی به دست خویش، آشنای بیگانه می‌کند

جز مِحَن ز عمر، چیست حاصلم، زندگی نکرد، حل مشکلم
مرگ ناگهان، عقده از دلم، باز می‌کند یا نه می‌کند

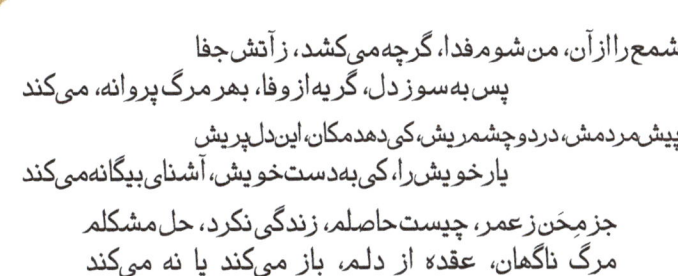

شماره ۱۲۵

هرکس که به دل مهر تو مه‌پاره ندارد
از هر دو جهان بهره به یک‌باره ندارد

فریاد ز بیچارگی دل که به ناچار
جز آنکه به غم ناله کند چاره ندارد

هم ثابت در عشقم و هم رهرو سیّار
افلاک چو من ثابت و سیّاره ندارد

دارد دل من گر هوس خفتن در گور
طفل است و به‌جز عادت گهواره ندارد

با این همه خواری ز چه دارد سرسختی
آن سست‌وفا گر دل چون خاره ندارد

ریزد غم و افسردگی‌اش از در و دیوار
هر شهر که میخانه و می‌خواره ندارد

در کیش مـن آزار دل اهـل محبت
جرمی‌ست که آن توبه و کفّاره نـدارد

با این‌همه دیوانه یکی چون من و مجنون
صـحـرای جنـون از وطـن آواره نـدارد

## شماره ۱۲۶

در جهان کهنه از نو شور و شر باید نمود
فکر بکری بهر ابنای بشر باید نمود

سیم و زر تا هست در عالم، بشر آسوده نیست
تا شویم آسوده محو سیم و زر باید نمود

خاک عالم گِل شد از اشکم چه خاکی سر کنم
زین سپس فکری برای چشم تر باید نمود

در قدمگاه محبت پا منه بـردار دست
یا اگر پا می‌گذاری ترک سر باید نمود

گر شب غم بهر ما آه سحر کاری نکرد
روز شادی شِکوِه از آه سحر باید نمود

تا شوند آشفته‌تر جمعی پریشان‌روزگار
زلف مشکین تو را آشفته‌تر باید نمود

در بیابان جنون، مجنون مرا تنها گذاشت
اندرین ره باز فکر همسفر باید نمود

## شماره ۱۲۷

حلقهٔ زلفی که غیر تاب ندارد
تا چه کند با دلی که تاب ندارد

کشمکش چین و اضطراب بشر چیست
گیتی اگر حال انقلاب ندارد

مجلس ما را هر آن که دید به دل گفت
ملت جَم، حسن انتخاب ندارد

خانه‌خدا یا به فکر خانهٔ خود نیست
یا خبر از خانهٔ خراب ندارد

خواجه پی جمع مال و تودهٔ بدبخت
هیچ به‌جز فکر نان و آب ندارد

زور به پشت حساب، مشت زد و گفت
حرف حسابی دگر جواب ندارد

فرخی از زندگی خوش است به نانی
گر نرسد آن هم، اضطراب ندارد

## شماره ۱۲۸

شب که دل با روزگار تار خود در جنگ بود
گر مرا چنگی به دل می‌زد نوای چنگ بود

نیست تنها غنچه در گلزار گیتی تنگدل
هر که را در این چمن دیدم چو من دل‌تنگ بود

گـر ز آزادی بـود آبـادی روی زمین
پس چرا بی‌بهره از آن کشور هوشنگ بود

نوشدارو شد برای نامداران مرگ سرخ
بس‌که در این شهر ننگین، زندگانی تنگ بود

بس‌که دل‌خون گشتم از نیرنگ یاران دورنگ
دوست دارم هر که را در دشمنی یکرنگ بود

بی‌سر و پایی که داد از دست او بر چرخ رفت
کی سـزاوار نگین و درخـور اورنـگ بود

شاه و شیخ و شحنه درس یک مدرّس خوانده‌اند
قیل‌وقال و جنگشان هم از ره نیرنگ بود

برندارم دست و با سر می‌روم این راه را
تا نگویی فرخی را پای کوشش لنگ بود

شماره ۱۲۹

آنـان کـه از فـراعـنـه تـوصـیف می‌کنند
از بـهـرِ جلب فـایـده تـعـریـف می‌کنند

بـام بـلـنـد، هـمـسـر نـام بـلـنـد نیست
از فکر کوته است که تصحیف می‌کنند

تخفیف و مستمری و شهریه و حقوق
گیرند و بالمناصفه تنصیف می‌کنند

در حیرتم ز ملت ایـران که از چه روی
معتاد گوش خود، به اراجیف می‌کنند

آزادی است و مجلس و هر روزنامه را
هـر روز بی‌محاکمه توقیف می‌کنند

گویند لـب ببند چـو بینی خطا ز ما
راهی است ناصواب که تکلیف می‌کنند

فرش حصیر و نان و پنیر و مقام فقر
ما را توانگران به چه تخویف می‌کنند

شماره ۱۳۰

شوریده دل به سینه به عنوانِ کارگر
شوریـد و گفت جانِ من و جانِ کارگر

شاه و گدا فقیر و غنی کیست آن که نیست
مـحـتـاج زرع زارع و مـهـمـان کـارگـر

سرمایه‌دار از سرِ خوان رانَدَش ز جور
با آن که هست ریـزه‌خـورِ خـوان کارگر

در خز خزیده خواجه، کجا آیَدَش به یاد
پـای بـرهـنـه، پـیـکـرِ عـریـان کـارگـر

بـا آن کـه گـنـجها بـرَد از دسترنج وی
پـامـال می‌کـنـد سـر و سـامـان کـارگـر

آتش به جان او مزن از باد کبر و عُجب
ای آن که همچو آب خـوری نـان کارگر

ترسم که خانه‌ات شود ای محتشم خراب
از سیل اشک دیدهٔ گریان کارگر

یا کاخ رفعت تو بسوزد ز نار قهر
از برق آه سینهٔ سوزان کارگر

کی آن غنی که جمع بُوَد خاطرش مدام
رحم آوَرَد به حال پریشان کارگر

ای دل فدای کلبهٔ بی‌سقف بذرکار
وی جان نثار خانهٔ ویران کارگر

شماره ۱۳۱

فدای سوز دل مطربی که گفت به ساز
در این خرابه چو منزل کنی بسوز و بساز

چنان ز سنگ حوادث شکست بال و پرم
که عمرها به دلم ماند حسرت پرواز

کنم به زیر پر خویش سر به صد اندوه
چو مرغ صبح ز شادی برآورد آواز

گره‌گشا نبوَد فکر این وکیل و وزیر
مگر تو چاره کنی ای خدای بنده‌نواز

به پایتخت کیان ای خدا شود روزی
که چشم خلق نبیند گدای دست‌دراز؟

در این خرابه به هرجا که پای بگذاری
غم است و ناله و فریاد و داد و سوز و گداز

گُهرفشانی طوفان گواه طبع من است
که در فنون غزل فرخی کند اعجاز

### شماره ۱۳۲

یارب ز چیست بر سر فقر و غنا هنوز
گیتی به خون خویش زند دست و پا هنوز

دردا که خون پاک شهیدان راه عشق
یک جو در این دیار ندارد بها هنوز

با آن که گشت قبطی گیتی غریق نیل
در مصر ما فراعنه فرمانروا هنوز

کابینه‌ها عموم سیاه است ز آنکه هیچ
کابینهٔ سفید ندیدیم ما هنوز

ای شیخ از حصیر فریبم مده به زرق
کآید ز بوریای تو بوی ریا هنوز

مالک غریق نعمت جاه و جلال و قدر
زارع اسیر زحمت و رنج و بلا هنوز

در قرن علم و عهد طلایی ز روی جهل
ما در خیال مس شدن کیمیا هنوز

شد دورهٔ تساوی و در این دیار شوم
فرق است در میانهٔ شاه و گدا هنوز

طوفان انقلاب رسد ای خدا ولیک
ما را محیط کشمکش ناخدا هنوز

## شماره ۱۳۳

نمود همچو ابوالهول رو به ملت روس
بلای قحط و غلا با قیافهٔ منحوس

فتاد هیکل سنگین دیوپیکر قحط
به روی قلب دهاقین روس چون کابوس

مگر که دیو سپید است این بلای سیاه
که کرده روسیه را مبتلا چو کی‌کاووس

یکی به ساحل وُلگا ببین که ناله زار
فشار گرسنگی را چه سان کند محسوس

به سان جوجه ز فقدان دانه بی‌جان بین
تذرو کبک‌خرامی که بود چون طاووس

کجا رواست شود، زردرنگ چون خیری
عذارِ سرخِ نکویانِ همچو تاج خروس

یکی ز کثرت سختی ز عمر خود بیزار
یکی ز شدت قحطی ز زندگی مأیوس

در آرزوی یکی دانه، شام تا به سحر
بود به سُنبله چشم گرسنگان مأنوس

کنون که ملت روس است با مجاعه دوچار
گه تهمتنی است ای سُلالهٔ سیروس

به دستگیری قومی نما سرافرازی
که می‌کنند اجل را به جان و دل پابوس

جوی ز گندم این سرزمین تواند داد
ز چنگ مرگ رها جان صد هزار نفوس

نوشت خامهٔ خونین فرخی این بیت
به روی صفحهٔ طوفان به صدهزار افسوس

جنوب بحر خزر شد ز اشک چشمهٔ چشم
برای ساحل رود نوا چو اقیانوس

## شماره ۱۳۴

تا حیات من به دست نان دهقان است و بس
جان من سر تا به پا قربان دهقان است و بس

رازق روزی‌ده شاه و گدا بعد از خدای
دست خون‌آلود بذرافشان دهقان است و بس

در اسد چون حوت سوزد ز آفتاب و عاقبت
بی‌نصیب از سنبله میزان دهقان است و بس

آن‌که لرزد همچو مرغ نیم‌بسمل صبح و شام
در زمستان پیکر عریان دهقان است و بس

دست هرکس در توسل از ازل با دامنی است
تا ابد دست من و دامان دهقان است و بس

دور دوران هر دو روزی بر مراد دوره‌ای ست
آن که ناید دور آن، دوران دهقان است و بس

بر سر خوان، خواجه پندارد که باشد میزبان
غافل است از اینکه خود مهمان دهقان است و بس

منهدم گردد قصور مالک سرمایه‌دار
کاخ محکم کلبهٔ ویران دهقان است و بس

نامهٔ طوفان که با خون می‌نگارد فرخی
در حقیقت نامهٔ طوفان دهقان است و بس

شماره ۱۳۵

گر در طلب اهل دلی همدم ما باش
سلطانی اگر می‌طلبی یار گدا باش

گر درصدد خواجگی کون و مکانی
با صدق و صفا بندهٔ مردان خدا باش

خواهی چو بر آن طُرّهٔ آشفته زنی چنگ
چون شانه سراپا همه‌جا عقده‌گشا باش

گر مغبچهٔ میکده‌ای شوخ خطا شو
ور معتکف مدرسه‌ای شیخ ریا باش

تا بدر درخشان شوی از سیر تکامل
همچون مه نو لاغر و انگشت‌نما باش

در بادیهٔ عشق اگر پای گذاری
اول قدم آمادهٔ صد گونه بلا باش

## شماره ۱۳۶

در چمن ای دل چو من غیر از گل یک‌رو مباش
گر چو من یکرو شدی در بند رنگ و بو مباش

تا نخوانندت به‌خوان هرجا مشو بی‌وعده سبز
تا نبینی رنگ زردی، چون گل خودرو مباش

گاه سرگردانی و هنگام سختی بهر فکر
ای سر شوریده غافل از سر زانو مباش

نان ز راه دست‌رنج خویشتن آور به دست
گر کشی منّت به‌جز منّت‌کش بازو مباش

از مناعت زیر بار گنبد مینا مرو
وز قناعت ریزه‌خوار روضهٔ مینو مباش

چون تساوی در بشر اسباب خیر عالم است
بی‌تفکر منکر این مسلک نیکو مباش

راست‌بین گوشه‌گیر از جفت خود شو همچو چشم
کج‌رو بالانشین پیوسته چون ابرو مباش

شیر غازی را در این شمشیربازی تاب نیست
یا سپر افکن به میدان یا سلامت‌جو مباش

فرخی بهر دو نان در پیش دونان هیچ‌وقت
چاپلوس و آستان‌بوس و تملق‌گو مباش

## شماره ۱۳۷

ای دل اندر عاشقی با طالع مسعود باش
چون به چنگ آری ایازی عاقبت محمود باش

پیش این مردم تعیّن چون به موجودیت است
گر رسد دستت، به هر قیمت بود، موجود باش

تا نوازی دوستان را جنّت شدّاد شو
تا گدازی دشمنان را آتش نمرود باش

پیش یکرنگان دورنگی چون نمی‌آید پسند
یا چو یزدان پاک یا چون اهرمن مردود باش

تا درآیی در شمار کشتگان راه عشق
با هزاران داغ دل چون لاله خون‌آلود باش

پیش مردان خدا هرگز دم از هستی مزن
نیستی را پیشه کن، ناچیز شو، نابود باش

رهرو ثابت‌قدم، هستی اگر چون فرخی
در طلب با عزم ثابت، طالب مقصود باش

شماره ۱۳۸

بس تنگ شد از سختی جان حوصلهٔ دل
دل شِکوه ز جان می‌کند و جان گلهٔ دل

دل شیفتهٔ سلسله‌مویی است کز افسون
با یک سر مو بسته دوصد سلسلهٔ دل

از بادیهٔ عشق حذر کن که در آن دشت
در هر قدمی گمشده صد قافلهٔ دل

سرمنزل دلدار کجا هست که واماند
از دست غمش پای پر از آبلهٔ دل

تا خلوت دل جایگه مهر تو گردید
نبوَد به خدا یک سر مو فاصلهٔ دل

با غیر تو مشغولی و غافل که ز حسرت
نبوَد به جز از خوردن خون مشغلهٔ دل

شماره ۱۳۹

ما خیل تهی‌دست جگرگوشهٔ بختیم
سرگرم نه با تاج و نه پابند به تختیم

آزادی ایران که درختی‌ست کهن‌سال
ما شاخهٔ نورستهٔ آن کهنه‌درختیم

در صلح و صفا گرمتر از موم ملایم
با جنگ و جفا سردتر از آهن سختیم

پوشید جهان خلعت زیبای تمدن
ما لُخت و فرومایه از آنیم که لَختیم

تا جامهٔ ناپاکِ تن آغشته به خون نیست
ما پیش جهان تن به تن آلوده ز رختیم

شماره ۱۴۰

شب چو در بستم و مست از مِیِ نابش کردم
ماه اگر حلقه به در کوفت جوابش کردم

دیدی آن تُرکِ خَتا دشمن جان بود مرا
گرچه عمری به خطا دوست خطابش کردم

منزلِ مردمِ بیگانه چو شد خانهٔ چشم
آن‌قدر گریه نمودم که خرابش کردم

شرحِ داغِ دلِ پروانه چو گفتم با شمع
آتشی در دلش افکندم و آبش کردم

غرقِ خون بود و نمی‌مرد ز حسرت فرهاد
خواندم افسانهٔ شیرین و به خوابش کردم

دل که خونابهٔ غم بود و جگرگوشهٔ درد
بر سر آتشِ جورِ تو کبابش کردم

زندگی کردن من مُردن تدریجی بود
آنچه جان کَنْد تنم، عمر حسابش کردم

## شماره ۱۴۱

گرچه ما از دستبرد دشمنان افتاده‌ایم
ما ز بهرِ جنگ از سر تا به پا آماده‌ایم

در طریق بندگی، روزی که بنهادیم پای
برخلاف نوع‌خواهی یک قدم ننهاده‌ایم

افترایی گر به ما بستند ارباب ریا
پیش وجدان راستی با جبههٔ بگشاده‌ایم

قلب ما تسخیر شد از مهر جمعی خودپرست
آه از این بت‌ها که ما در قلب خود جا داده‌ایم

پیشهٔ ما راستی، وین نادرستان حسود
در پی تنقید ما کاندر سیاست ساده‌ایم

این اسیری تا به‌کی، ای ملت بی‌دست و پای
گر برای حفظ آزادی ز مادر زاده‌ایم

فرخی چندی‌ست ما هم در پی صید عوام
روز تا شب در خیال سبحه و سجاده‌ایم

## شماره ۱۴۲

با دشمن اگر میل تو پنداشته بودیم
ای دوست دل از مهر تو برداشته بودیم

دردا که نبودش به‌جز از کینه ثمر هیچ
تخمی که ز مهر تو به دل کاشته بودیم

زآن پیش که آزاد شود سرو تهی‌دست
ما پرچم آزادگی افراشته بودیم

تشکیل غلط قاعدهٔ فقر و غنا گشت
ای کاش که این قاعده نگذاشته بودیم

پر ساختن کیسه اگر مقصد ما بود
همچون دگران جیب خود انباشته بودیم

سرلوحهٔ طوفان شده گلرنگ که در آن
ما شرح دل خون شده بنگاشته بودیم

## شماره ۱۴۳

گرچه دل‌سوخته و عاشق و جان‌باخته‌ایم
باز با این همه دل‌سوختگی ساخته‌ایم

اثر آتش دل بین که از آن شمع‌صفت
اشک‌ها ریخته در دامن و بگداخته‌ایم

با همه مقصد خیری که مرام من و توست
در بنی نوع بشر ولوله انداخته‌ایم

جز دورنگی نبوَد عادت این خلق دورنگ
همه را دیده و سنجیده و بشناخته‌ایم

عجبی نیست که با این همه دشمن من و دل
جز به دیدار رخ دوست نپرداخته‌ایم

عمرها در طلب شاهد آزادی و عدل
سر قدم ساخته تا ملک فنا تاخته‌ایم

بر سر نامهٔ طوفان بنگر تا دانی
بیرق سرخ مساوات برافراخته‌ایم

شماره ۱۴۴

تا که در ساغر شراب صاف بی‌غش کرده‌ایم
بر سر غم خاک از آن آبِ چو آتش کرده‌ایم

قدر ما در می‌کشی میْ‌خوارگان دانند و بس
چون به عمری خدمت رندان میْ‌کش کرده‌ایم

سعی و کوشش چون اثر در سرنوشت ما نداشت
بی‌جهت ما خاطر خود را مشوّش کرده‌ایم

نقش‌های پردهٔ دل تا که گردد آشکار
چهره را با خامهٔ مژگان منقّش کرده‌ایم

چشم ما چون آسمان پروین‌فشان دانی چراست
بس که دیشب یاد آن بی‌مهر مهوَش کرده‌ایم

دست ما و شانه هرگز عقده از دل وا نکرد
گرچه با زلف تو یک عمری کشاکش کرده‌ایم

فرخی چون زندگانی نیست غیر از درد و غم
ما دل خود را به مرگ ناگهان خوش کرده‌ایم

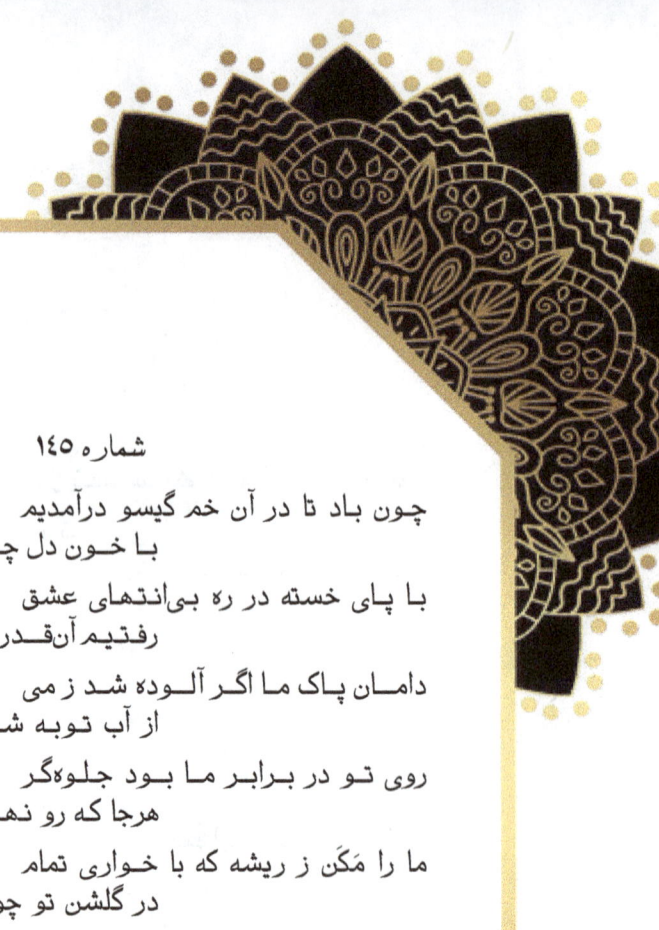

## شماره ۱۴۵

چون باد تا در آن خم گیسو درآمدیم
با خون دل چو نافهٔ آهو درآمدیم

با پای خسته در ره بی‌انتهای عشق
رفتیم آن‌قدر که به زانو درآمدیم

دامان پاک ما اگر آلوده شد ز می
از آب توبه شکر که نیکو درآمدیم

روی تو در برابر ما بود جلوه‌گر
هرجا که رو نهاده و هر سو درآمدیم

ما را مَکَن ز ریشه که با خواری تمام
در گلشن تو چون گل خودرو درآمدیم

در کوی عشق غلغله‌ها بس بلند بود
ما هم در آن میان به هیاهو درآمدیم

محراب و کعبه حاجت ما چون روا نکرد
در قبله‌گاه آن خم ابرو درآمدیم

## شماره ۱۴۶

غم چو زور آورد با شادی قدح‌نوشی کنم
درد و غم را چاره با داروی بیهوشی کنم

گر مرا گردد میسر روز عفو و انتقام
دوست می‌دارم که از دشمن خطاپوشی کنم

در فراموشی غمت می‌کرد از بس یاد دل
تا قیامت یاد ایام فراموشی کنم

پاکباز خانه بر دوشم ولی از فَرّ فقر
در مقام همسری با چرخ، همدوشی کنم

خصم از روباه‌بازی بشکند چون پشت شیر
من چرا از روی غفلت خواب خرگوشی کنم

تا افق روشن نگردد پیش من چون آفتاب
همچو شمع صبحدم یک چند خاموشی کنم

فرخی از کوس آزادی جهان بیدار شد
پس چرا من از سبک‌مغزی گران‌گوشی کنم

## شماره ۱۴۷

تا در اقلیم قناعت خودنمایی کرده‌ایم
بر زمین چون آسمان فرمانروایی کرده‌ایم

عشق ما را در ردیف بندگان هم جا نداد
با وجود آن که یک عمری خدایی کرده‌ایم

استخوان بشکسته‌ایم اما به ایمان درست
خاک استغنا به فرق مومیایی کرده‌ایم

جایگاه عرش ما را درخور همت نبود
جا ز بی‌قیدی به فرش بوریایی کرده‌ایم

عجز و زاری در ترازو وزن زور و زر نداشت
گرچه با این حربه ما زورآزمایی کرده‌ایم

پیش اهل دل، نه کافر نی مسلمانیم ما
بس که در اسلام کافر ماجرایی کرده‌ایم

دست ما و شانه از گیسوی او کوته مباد
کز برای اهل دل مشکل‌گشایی کرده‌ایم

## شماره ۱۴۸

گر ز روی معدلت آغشته در خون می‌شویم
هرچه بادا باد ما تسلیم قانون می‌شویم

عاقلی چون در محیط ما بود دیوانگی
زین‌سبب چندی خردمندانه مجنون می‌شویم

لطمهٔ ضحاک استبداد ما را خسته کرد
با درفش کاویان روزی فریدون می‌شویم

یا به دشمن غالب از اقبال سعد آییم ما
یا که مغلوب عدو از بخت وارون می‌شویم

یا چه قارون در حضیض خاک بگزینیم جای
یا چو عیسی مستقر بر اوج گردون می‌شویم

طعم آزادی ز بس شیرین بود در کام جان
بهر آن از خون خود فرهاد گلگون می‌شویم
روح را مسموم سازد این هوای مرگبار
زندگانی گر بوَد زین خِطّه بیرون می‌شویم

### شماره ۱۴۹

هر چند که با فکر جوانیم که بودیم
در پیروی پیر مُغانیم که بودیم

گر هستی ما را ببرد باد مخالف
خاک قدم باده‌کشانیم که بودیم

با آن که بهار آمد و بشکفت گل سرخ
ما زردرخ از باد خزانیم که بودیم

عمری‌ست که از سوز فراق تو من و شمع
شب تا به سحر اشک‌فشانیم که بودیم

هنگام زبونی نشود حربهٔ ما کند
چون دشنه همان تندزبانیم که بودیم

مَستاند حریفان سبک‌مغز به یک جام
ما جرعه‌کش رطل گرانیم که بودیم

در سادگی و عیب و هنر گفتن در رو
چون آینه مشهور جهانیم که بودیم

از باد حوادث متزلزل همه چون کاه
مائیم که چون کوه همانیم که بودیم

شماره ۱۵۰

زان طُرّه به پای دل، تا سلسله‌ها دارم
از دست سر زلفت، هر شب گله‌ها دارم

کار تو دل‌آزاری، شغل من و دل زاری
تو غلغله‌ها داری، من مشغله‌ها دارم

در این ره بی‌پایان، وامانده و سرگردان
از بس که به پای جان، من آبله‌ها دارم

تا در ره آزادی، شد عشق مرا هادی
گمگشته در آن وادی بس قافله‌ها دارم

با آن که تو را در دل، پیوسته بود منزل
با وصل تو الحاصل من فاصله‌ها دارم

آسوده نشد لختی، دل از غم جان‌سختی
با این‌همه بدبختی، من حوصله‌ها دارم

شماره ۱۵۱

خوش آنکه در طریق عدالت قدم زنیم
با این مرام در همه عالم، عَلَم زنیم

این شکل زندگی نبُوَد قابل دوام
خوب است این طریقهٔ بد را به هم زنیم

قانون عادلانه‌تر از این کنیم وضع
آن‌گاه بر تمام قوانین قلم زنیم

دست صفا دهیم به معمار عدل و داد
پا بر سر عوالم جور و ستم زنیم

چون جنگ خلق بر سر دینار و درهم است
باید به جای سکّه چکش بر دِرَم زنیم

دنیا چو شد بهشت برین زین تَبَدُّلات
ما از نشاط طعنه به باغ اِرَم زنیم

ما را چو فرخی همه خوانند تندرو
روزی گر از حقایق ناگفته دم زنیم

## شماره ۱۵۲

گذشتم از سرافرازی، سرِ افتادگی دارم
گرفتم رنگ بی‌رنگی، هوای سادگی دارم

مرا شد نیستی هستی، بلندی جُستم از پستی
چو سروم کز تهی‌دستی، بَرِ آزادگی دارم

گَرَم دشمن بود تن‌ها، به‌جان دوست من تنها
برای رفع دشمن‌ها، به جان ایستادگی دارم

من آن خونین‌دل زارم، که خون‌خوردن بُوَد کارم
مباهاتی که من دارم، ز دهقان‌زادگی دارم
نمودم ترک عادت را، ز کم جُستم زیادت را
من اسباب سعادت را، بدین آمادگی دارم

## شماره ۱۵۳

به کوی ناامیدی شمع‌آسا محفلی دارم
ز اشک و آه خود در آب و آتش منزلی دارم

بلا و محنت و رنج و پریشانی و درد و غم
هزاران خرمن از کشت محبت حاصلی دارم

شد از دارالشّفای مرگ، درمان درد مهجوری
برای درد خود زین پس علاج عاجلی دارم

چو گل شد ز آب چشمم خاک کویت، از دَرَم راندی
نگفتی من در آنجا حق یک آب و گلی دارم

اگر عدلیه حکم تخلیت اول کند اجرا
منِ بی‌خانمان آخر خدای عادلی دارم

تو از بیداد گل می‌نالی و من از گل‌اندامی
تو ای بلبل اگر داری دلی من هم دلی دارم

گره شد گریه از غم در گلوی فرخی آن‌سان
که نتواند به آسانی بگوید مشکلی دارم

## شماره ۱۵٤

یاد باد آن شب که جا بر خاک کویی داشتیم
تا سحر از آتش دل آبرویی داشتیم

خرّم آن روزی که در میخانه با میخوارگان
تا به شب از نشئهٔ می، های‌وهویی داشتیم

سیل می از کوهسار خُم به شهر افتاد دوش
کاشکی ما هم به دوش خود سبویی داشتیم

بود اینم از برای دیدن معشوق مرگ
در تمام زندگی گر آرزویی داشتیم

داغ و درد گل‌رخان پژمرده و خوارم نمود
ورنه ما هم روزگاری رنگ‌وبویی داشتیم

## شماره ۱۵۵

گر بر خیِ جانان من دلداده نبودم
در دادن جان این همه آماده نبودم

عیب و هنر خلق نمی‌شد ز من اظهار
چون آینه گر پاک‌دل و ساده نبودم

سرسبزی من جز ز تهی‌دستی من نیست
چون سرو نبودم، اگر آزاده نبودم

خم بود اگر پشت من از بار تملّق
پیش همه با جبههٔ بگشاده نبودم

ننهادی اگر تیغ تو منّت به سر من
در پای تو چون کشته، من افتاده نبودم

کیفیت چشمان تو مستی به من آموخت
آن روز که من در طلب باده نبودم

از جنس فقیرانم و با این غم بسیار
دل‌شاد از آنم که غنی‌زاده نبودم

شماره ۱۵۶

مو به‌مو شرح غمت روزی که با دل گفته‌ایم
همچو تار طُرّه‌ات سر تا قدم آشفته‌ایم

فصل گل هم گر دل تنگم نشد وا، نی شکفت
ما و دل تا عمر باشد غنچهٔ نشکفته‌ایم

از شکاف سینهٔ ما کن نظر تا بنگری
گنج مهرت را چه سان در کنج دل بنهفته‌ایم

شاهد زیبای آزادی، خدایا پس کجاست
مقدم او را به جانبازی اگر پذرُفته‌ایم

تا مگر خاشاک بیداد و ستم کمتر شود
بارها این راه را با نوک مژگان رفته‌ایم

از کجا دانیم حال مردم بیدار چیست
ما که یک عمری ز اشک چشم در خون خفته‌ایم

فرخی باشد اگر در شهر گوش حق‌نیوش
خوب می‌داند که ما دُرّ حقایق سُفته‌ایم

## شماره ۱۵۷

روزگاری شد که سر تا پا دلی غمناک دارم
همچو صبح از دست غم، هر شب گریبان چاک دارم

من تن تنها و خلقی دشمن جانند، اما
دوست چون شد دوست با من، کی ز دشمن باک دارم

آتش غم داد بر باد فنا بنیاد هستی
اینک از آن شعله در چشم آب و بر سر خاک دارم

پاک بازم در قمار عشق هر چند، ای حریفان
پیش پاکان دامنی با پاک‌بازی پاک دارم

شش جهت از چار سو شد چون قفس بر طایر دل
این دو روز عمر، عزم سیر نُه افلاک دارم

## شماره ۱۵۸

زبس از روزگار بخت و سخت و سست دل تنگم
به سختی متصل با روزگار و بخت در جنگم

دورنگی چون پسند آید به چشم مردم دنیا
به غیر از خون دل خوردن چه سازم من که یکرنگم

خوشم با این تهی دستی بلندی جویم از پستی
نه در سر شور دیهیم و نه در دل مهر اورنگم

بگو با عارف و عامی سپردم جان به ناکامی
گذشتم از نکونامی کنون آمادهٔ ننگم

منم آن مرغ دل‌خسته شکسته‌بال و پر بسته
که دست آسمان دائم ز اختر می‌زند سنگم

شماره ۱۵۹

به حسرتی که چرا جای در قفس دارم
ز سوز درد کنم ناله تا نفس دارم

فضای تنگ قفس نیست درخور پرواز
پریدنی به میان هوا، هوس دارم

گدای خانه به دوش و سیاه‌مست و خموش
نه بیم دزد و نه اندیشه از عَسَس دارم

به شهسواری میدان غم شدم مشهور
ز بس که لشکر محنت ز پیش و پس دارم

به دورهٔ ترن و عصر آسمان‌پیمای
من از برای سفر اَستَر و فَرَس دارم

هزارها دل خونین چو گل به خاک افتاد
هنوز من غم یک مشت خار و خس دارم

به داد من نرسد ای خدا اگرچه کسی
خوشم که چون تو خداوند دادرس دارم

## شماره ۱۶۰

دیدی آخر به سر زلف تو پابست شدم
پا در آن سلسله نگذاشته از دست شدم

ننهادی قدمی بر سرم ای سرو بلند
گرچه در راه تو من خاک‌صفت پست شدم

کس چو من در طلب شاهد آزادی نیست
زآنکه با نیستی از پرتو آن هست شدم

ناوک ناز تو پیوسته شد از شَست رها
ناز شست تو که من کشتهٔ آن شست شدم

تا ابد مستی‌ام از جلوهٔ ساقی باقی‌ست
زآنکه از آن می باقی ز ازل مست شدم

## شماره ۱۶۱

در میکده گر رند قدح‌نوش نبودیم
همچو خُم می این‌همه در جوش نبودیم

یک صبح نشد شام که در میکدهٔ عشق
از نشئهٔ می بی‌خود و مدهوش نبودیم

از جور خزانیم زبان بسته وگرنه
هنگام بهار این‌همه خاموش نبودیم

یک ذره اگر مهر و وفا داشتی ای مَه
از یاد تو این‌گونه فراموش نبودیم

در تهمتنی شهره نگشتیم در آفاق
گر کینه‌کش خون سیاووش نبودیم

چون شمع سحر مردن ما بود مسلّم
گر زنده از آن صبح بناگوش نبودیم

ما پاکدلان را غم عشقت چو محک زد
دانست چو سیم سره مغشوش نبودیم

### شماره ۱۶۲

دیشب از غم تا سحرگه آه سردی داشتم
آه سردی داشتم آری که دردی داشتم

سرخ‌رویی یافتم از دولت بیدار چشم
ورنه پیش از اشک‌باری رنگ زردی داشتم

زورمندی بین که تنها، پهلوان عشق بود
گر به میدان محبت هم‌نبردی داشتم

از رفیقان سفر ماندم عقب فرسنگ‌ها
یاد از آن روزی که پای ره نوردی داشتم

باغ و ورد عاشقان نبوَد به غیر از داغ و درد
داغ و دردی دوش همچون باغ و وَردی داشتم

تیشه بالای سر فرهاد خون‌ها خورد و گفت
وه چه صاحب‌درد شیرین‌کار مردی داشتم

## شماره ۱۶۳

فصل گل چو غنچه، لب را از غم زمانه بستم
از سرشک لاله‌رنگم، در چمن به‌خون نشستم

ای شکسته‌بال بلبل، کن چو من فغان و غلغل
تو اَلَم‌چشیده هستی، من ستم‌کشیده هستم

تا قلم نگردد آزاد، از قلم نمی‌کنم یاد
گر قلم شود ز بیداد، همچو خامه هر دو دستم

گر زنم دم از حقایق، بر مصالح خلایق
شحنه‌می‌کشدکه‌رِندم، شرطه‌می‌کشدکه‌مستم

ملت نجیب ایران، خوانده با یقین و ایمان
شاعر سخن‌شناسم، سائس وطن‌پرستم

پیش اهل دل از این پس، از مفاخرم همین بس
کز برای راحت خویش، خاطر کسی نَخَستم

هرکجا روم به گردش، آید از پی‌ام مُفَتّش
همت بلندپرواز، این چنین نموده پستم

من که از چهل به‌پنجه، ماه و هفته بوده رنجه
کی فتد به سال شصتم، صید آرزو بستم؟

ای خوشانشاط مردن، جان به‌دل خوشی سپردن
تا چو فرخی توان گفت، مُردم و ز غصه رَستم

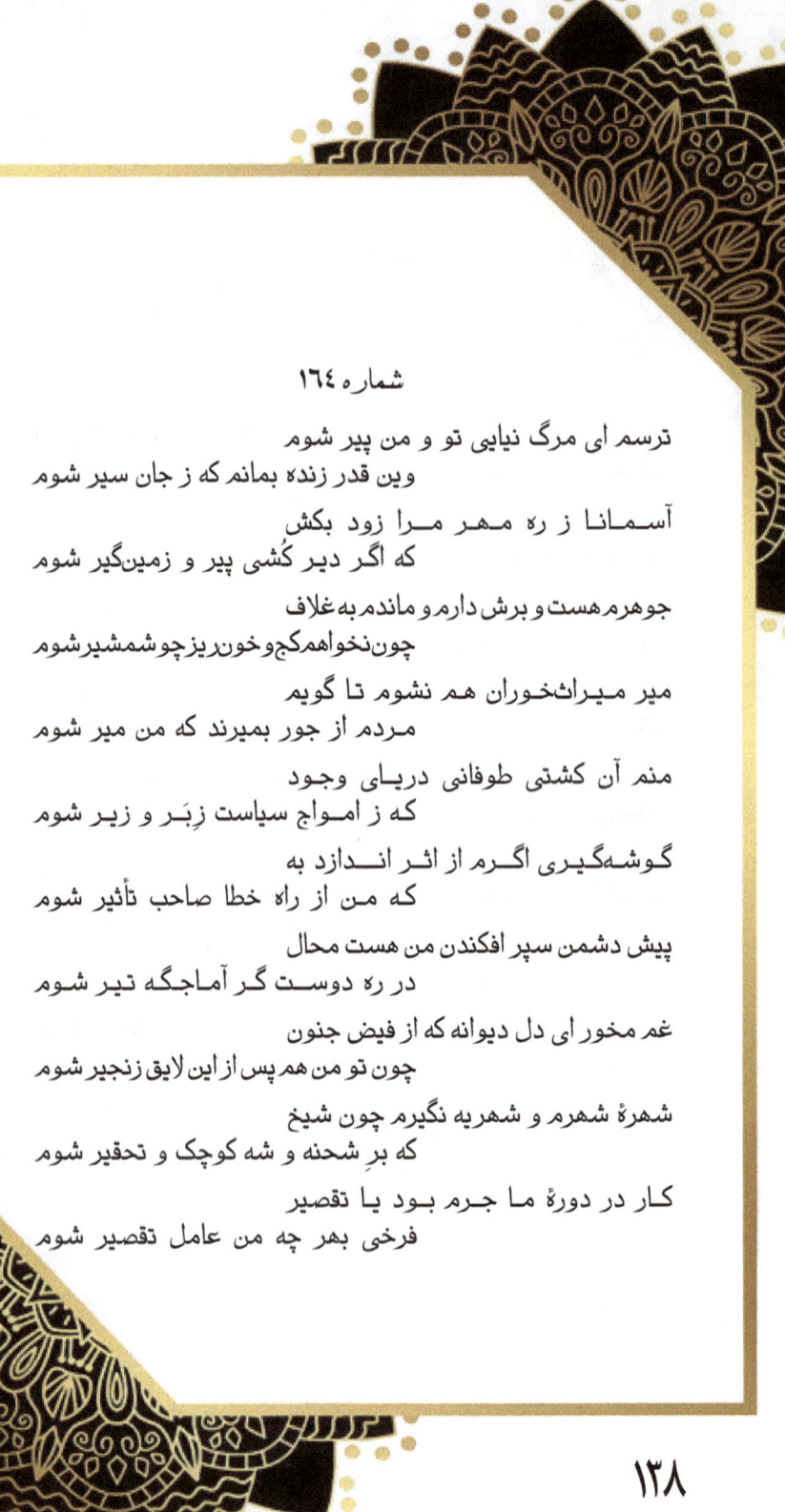

## شماره ۱٦٤

ترسم ای مرگ نیایی تو و من پیر شوم
وین قدر زنده بمانم که ز جان سیر شوم

آسمانا ز ره مهر مرا زود بکش
که اگر دیر کُشی پیر و زمین‌گیر شوم

جوهرم هست و برش دارم و ماندم به غلاف
چون نخواهم کج و خون‌ریز چو شمشیر شوم

میر میراث‌خوران هم نشوم تا گویم
مردم از جور بمیرند که من میر شوم

منم آن کشتی طوفانی دریای وجود
که ز امواج سیاست زِبَر و زیر شوم

گوشه‌گیری اگرم از اثر اندازد به
که من از راه خطا صاحب تأثیر شوم

پیش دشمن سپر افکندن من هست محال
در ره دوست گر آماجگه تیر شوم

غم مخور ای دل دیوانه که از فیض جنون
چون تو من هم پس از این لایق زنجیر شوم

شهرهٔ شهرم و شهریه نگیرم چون شیخ
که برِ شحنه و شه کوچک و تحقیر شوم

کار در دورهٔ ما جرم بود یا تقصیر
فرخی بهر چه من عامل تقصیر شوم

## شماره ۱٦٥

از پی دیوانگی تا آستین بالا زدیم
همچو مجنون خیمه را در دامن صحرا زدیم

زندگانی بهر ما چون غیر دردسر نداشت
بر حیات خود به دست مرگ پشت پا زدیم

تا به مژگان تو دل بستیم در میدان عشق
خویش را بر یک سپاهی با تن تنها زدیم

بی‌نیازی بین که با این مفلسی از فرّ فقر
طعنه بر جاه جم و دارایی دارا زدیم

تا قیامت وعدهٔ کوثر خمارم می‌گذاشت
باده را در محفل آن حور با هورا زدیم

کیست این ماه مبارک کانچه را ما داشتیم
در قمار عشق او شب تا سحر یک‌جا زدیم

گر خطرها داشت در پای سیاست فرخی
حالیا ما با توکل، دل بر این دریا زدیم

## شماره ۱٦٦

ز خودآرایی تن، جامهٔ جان چاک می‌خواهم
ز خون‌افشانی دل، دیده را نمناک می‌خواهم

دل از خون‌سردی نوباوگان کاوه پرخون شد
شقاوت‌پیشه‌ای خون‌ریز چون ضحاک می‌خواهم

چو از بالا نشستن آبرومندی نشد حاصل
نشیمن با گدای همنشین خاک می‌خواهم

در این بازی که طرح نو نماید رفع ناپاکی
حریف کهنه‌کار پاک‌باز پاک می‌خواهم

رَوَد از بس پی صید غزالان این دل وحشی
به گیسوی تو او را بستهٔ فتراک می‌خواهم

قفس از شش جهت شد تنگ در این خاکدان بر دل
پری شایستهٔ پرواز نُه افلاک می‌خواهم

## شماره ۱۶۷

ما مست و خراب از می صَهبای اَلَستیم
خُمخانه تهی کرده و افتاده و مستیم

با طُرّهٔ دلبند تو کردیم چو پیوند
پیوند ز هر محرم و بیگانه گسستیم

از سبحهٔ صد دانهٔ ارباب ریا بِه
صد مرتبه این رشتهٔ زُنّار که بستیم

فرقی که میان من و شیخ است همین است
کو دل شکند دائم و ما توبه شکستیم

تا دامن وصل از سر زلفت به کف آید
چون شانهٔ مشّاطه سراپا همه دستیم

ای ناصح مشفق تو برو در غم خود باش
ما گر بد و گر خوب، همانیم که هستیم

چون شاهد عیب و هنر ما عمل ماست
گو خصم زند طعنه که ما دوست‌پرستیم

## شماره ۱۶۸

ما خیل گدایان که زر و سیم نداریم
چون سیم نداریم ز کس بیم نداریم

شاهنشه اقلیم بقاییم به باطن
در ظاهر اگر افسر و دیهیم نداریم

دنیا همه مال همه گر هست، چرا پس
ما قسمتی از آن‌همه تقسیم نداریم

هر مشکلی آسان شود از پرتو تصمیم
اشکال در این است که تصمیم نداریم

در راه تو دل خون شد و جانم به لب آمد
چیز دگری لایق تقدیم نداریم

پابند جنون دستخوش پند نگردد
ما حاجت پند و سر تعلیم نداریم

تسلیم تو گشتیم سراپا که نگویند
در پیش محبّان سر تسلیم نداریم

شماره ۱۶۹

سرخط عاشقی را روز اَلَست دادم
ننهاده پا در این راه سر را ز دست دادم

تو با کمان ابرو دل را نشانه کردی
من هم به دست و تیرت، جان، نازشَست دادم

عیبم مکن به سُستی کز حَربهٔ درستی
این نادرست‌ها را آخر شکست دادم

تا چشم و ابرویت را پیوسته دادم اُلفَت
تیغ هزار دم را در دست مست دادم

در بند طُرهٔ دوست دادم به سادگی دل
غافل که جان خود را زین بند و بست دادم

ای لُعبَت سپاهی از جان من چه خواهی
تو آنچه بود بردی، من آنچه هست دادم

شماره ۱۷۰

به باد روی گلی در چمن چو ناله کنم
هزار خون به دل داغدار لاله کنم

ز بس که خون به دلم کرده دست ساقی دهر
مدام خون عوض باده در پیاله کنم

به جدّ و جهد اگر عقده‌های چین شد باز
من از چه رو به قضا کار خود حواله کنم

شدم وکیل از آن رو که نقد فی‌المجلس
برای نفع خود این خانه را قباله کنم

منم که طاعت هفتاد سالهٔ خود را
فدای غمزهٔ ماه دوهفت ساله کنم

به غیر تودهٔ ملت چو هیچ‌کس کس نیست
چرا ز هر کس و ناکس من استماله کنم؟

ز بس که هرچه نویسم به من کنند ایراد
بر آن سرم که دگر تَرک سرمقاله کنم

شماره ۱۷۱

بس به نام عمر مرگ هولناکی دیده‌ام
هر نفس این زندگانی را هلاکی دیده‌ام

زندگی خواب است و در آن خواب عمری از خیال
مُردم از بس خواب‌های هولناکی دیده‌ام

بود آن هم دامن پر خون صحرای جنون
در تمام عمر اگر دامان پاکی دیده‌ام

دوست دارم لاله را مانند دل کز سوز و داغ
در میان این دو، وجه اشتراکی دیده‌ام

پیش تیر دلنوازت جان به شادی می‌برد
هرکجا چون خود شهید سینه‌چاکی دیده‌ام

در حقیقت جز برای جلب سیم و زر نبود
گر میان اهل عالم اصطکاکی دیده‌ام

خضر هم با چشم دل از چشمهٔ حیوان ندید
تردماغی‌ها که من از آب تاکی دیده‌ام

نیست خاکی تا کنم بر سر ز بس از آب چشم
کرده‌ام گِل در غمت هرجا که خاکی دیده‌ام

## شماره ۱۷۲

بستهٔ زنجیر بودن هست کار شیر و من
خون دل خوردن بود از جوهر شمشیر و من

راستی گر نیستم با شیر از یک سلسله
پس چرا دربند زنجیریم دائم شیر و من؟

با دل سوراخ شب تا صبح گرم ناله‌ایم
مانده‌ایم از بس به زندان جفا زنجیر و من

بر در دِیر مغان و خاک ما چون بگذری
با ادب همت طلب کن ای جوان از پیر و من

یک سر مو وا نشد هرگز گره از کار دل
با هزاران جد و جهد ناخن تدبیر و من

مشکل دل فرخی آسان نشد چون قاصریم
در بیان این حقیقت قوّهٔ تقریر و من

## شماره ۱۷۳

گر خدا خواهد بجوشد بحر بی‌پایان خون
می‌شوند این ناخدایان غرق در طوفان خون

با سرافرازی نَهَم پا در طریق انقلاب
انقلابی چون شَوَم، دست من و دامان خون

خیل دیوان را به دیوان‌خانه دعوت می‌کنم
می‌گذارم نام دیوان‌خانه را دیوان خون

کارگر را بهر دفع کارفرمایان چو تیپ
با سر شمشیر خونین می‌دهم فرمان خون

کلبهٔ بی‌سقف دهقان را چو آرَم در نظر
کاخ‌های سر به کیوان را کنم ایوان خون

ای خوش آن روزی که در خون غوطه‌ور گردم چو صید
همچو قربانی به قربانگه شوم قربان خون

فرخی را شیرگیر انقلابی خوانده‌اند
زآن که خورد از شیرخواری شیر از پستان خون

## شماره ۱۷۴

از جور چرخ کج‌رَوِش و ز دست بخت واژگون
دارم دل و چشمی عجب این جای غم، آن جوی خون

دوش از تصادف، شیخ و من بودیم در یک انجمن
کردیم از هر در سخن، او از جَنان، من از جنون

از اشک خونین دل خوشم و زآه دل منت کشم
دائم در آب و آتشم، هم از برون، هم از درون

می‌دید اگر خسرو چو من، رخسار آن شیرین دهن
می‌کَند همچون کوه‌کن، با نوک مژگان بیستون

در این طریق پرخطر، گمگشته خضر راهبر
ای دل تو چون سازی دگر، بی رهنمای رهنمون

## شماره ۱۷۵

تا چند هوس‌رانی، دندان هوس بشکن
بگذر ز گران‌جانی زندان نفس بشکن

تو مرغ سلیمانی از چیست به زندانی؟
با بال و پرافشانی ارکان قفس بشکن

گوید چو بدت نادان او را به خوشی برخوان
چون پنبهٔ نرم، افغان در کام جرس بشکن

گر باز گذارد پا در میکده بی‌پروا
جام و قدح و مینا بر فرق عَسَس بشکن

در وادی عشق یار، باری چو فکندی بار
هم دست ز جان بردار، هم پای فرس بشکن

چون می‌شکنی یارا از کینهٔ دل ما را
این گوهر یکتا را بنواز و سپس بشکن

هر ناکس و کس تا چند پای تو نهد در بند
با مشت چکش مانند پشت همه‌کس بشکن

شماره ۱۷۶

ای توده دست قدرت از آستین برون کن
وین کاخ جور و کین را تا پایه سرنگون کن

از اشک و آه ای دل، کی می‌بری تو حاصل
از انقلاب کامل خود را غریق خون کن

با صد زبان حق‌گو لب بند از هیاهو
در پنجهٔ غم او خود را چو من زبون کن

چون کوه‌کن به تمکین بسپار جان شیرین
وز خون خویش رنگین دامان بیستون کن

با فکر بکر عاقل آسان نگشت مشکل
دیوانه‌وار منزل در وادی جنون کن

در راه عشق یاری، باری چو پا گذاری
آن همتی که داری بر خویش رهنمون کن

در انتظار آن گل فریاد کن چو بلبل
آشفته زلف سنبل از اشک لاله‌گون کن

شماره ۱۷۷

تا در خم آن گیسو، چین و شکن افتاده
بس بند و گره ز آن چین در کار من افتاده

در مسلک آزادی ما را نبوَد هادی
جز آن که در این وادی خونین‌کفن افتاده

شادم که در این عالم از حرص بنی‌آدم
مسکین و غنی با هم اندر مِحَن افتاده

زین شعله که پیدا نیست آن کس که نسوزد کیست؟
این شور قیامت چیست در مرد و زن افتاده؟

در عالم مسکینی جان داده به شیرینی
هر کشته که می‌بینی چون کوه‌کن افتاده

از وادی عشق ای دل جان برده کسی مشکل؟
زیرا که به هر منزل سرها ز تن افتاده

با ذوق سخنرانی گر نامهٔ ما خوانی
در جای سخن دانی دُر از دهن افتاده

شماره ۱۷۸

خوبرویان که جگرگوشهٔ نازند همه
پی آزار دل اهل نیازند همه

سوخت پروانه گر از شمع، به ما روشن کرد
که رخ‌افروختگان دوست‌گدازند همه

بر سر زهدفروشان جهان پای بکوب
که بر ابنای بشر دست‌درازند همه

نتوان گفت به هر شیشه‌گری اسکندر
گرچه از حیث عمل آینه سازند همه

خواجگانی که خدا را نشناسند ز عُجب
عَجَبی نیست اگر بندهٔ آزند همه

بس که در جنس بشر گشته حقیقت نایاب
مردم از پیر و جوان اهل مجازند همه

فرخی آه از آن قوم که در کشور خویش
دوست با دشمن و بیگانه‌نوازند همه

## شماره ۱۷۹

زین قیامی که تو با آن قد و قامت کردی
در چمن راستی ای سرو قیامت کردی

آخر ای غم تو چه دیدی ز دلم کز همه‌جا
رخت بستی و در این خانه اقامت کردی

قطره‌قطره شدی از دیده برون در شب هجر
ای دل از بس که تو اظهار شهامت کردی

دل بر ابروی کمان تو نینداخته چشم
سینه‌ام را هدف تیر ملامت کردی

خون بهایم بوَد این بس که پس از کشته شدن
بر سر خاک من اظهار ندامت کردی

شماره ۱۸۰

ریز بر خاک فنا ای خضر آب زندگی
من ندارم چون تو این اندازه تاب زندگی

دفتر عمر مرا ای مرگ سرتاپا بشوی
پاک کن با دست خود ما را حساب زندگی

خواب من خواب پریشان خورد من خون جگر
خسته گشتم ای خدا از خورد و خواب زندگی

بهر من این زندگانی غیر جان کندن نبود
مرگ را هر روز دیدم در نقاب زندگی

مرگ را بر زندگی رجحان دهم ز آن رو که نیست
غیر چندین قطره خون، مالک‌رِقاب زندگی

دفتر ایام را یک عمر خواندم فصل‌فصل
حرف بی‌علت ندیدم در کتاب زندگی

لاله می‌روید ز خاک فرخی با داغ سرخ
خورده از بس خون دل در انقلاب زندگی

شماره ۱۸۱

آن زمان که بنهادم سر به پای آزادی
دست خود ز جان شُستم از برای آزادی

تا مگر به دست آرم دامن وصالش را
مـی‌دوم بـه پـایِ سـر در قـفـای آزادی

بـا عـوامـل تکفیر، صـنف ارتجاعی باز
حمله مـی‌کـنـد دائـم بـر بـنـای آزادی

در محیط طوفان‌زای، ماهرانه در جنگ است
نـاخـدای اسـتـبـداد بـا خـدای آزادی

شیخ از آن کند اصـرار بر خرابی احرار
چـون بقای خـود بیند در فنای آزادی

دامـن محبت را گر کنی ز خون رنگین
مـی‌تـوان تـو را گـفتن پیشوای آزادی

فرخی ز جان و دل می‌کند در این محفل
دل نـثـار اسـتـقلال، جـان فـدای آزادی

## شماره ۱۸۲

دسـت اجنبی افـراشـت، تا لـوای ناامنی
فتنه سر به‌سر بگذاشت، سر به پای ناامنی

شد به‌پادراین‌کشور، شوروشورش‌محشر
گوش آسمان شد کر، از صدای ناامنی

دسته‌ای به‌غم‌پابست، شسته‌انداز جان‌دست
هر که را بینی هست، مبتلای ناامنی

مست خودسری ظالم، گشته دربه‌در عالم
فتنه مـی‌دود دائـم، در قفای ناامنی

عقل گشته دیوانه، کز چه رو در این خانه
هست خویش و بیگانه، آشنای ناامنی

## شماره ۱۸۳

به جز این مرا نماند، پس مرگ سرگذشتی
که مَنَت زسرگذشتم، چو توآمبه‌سرگذشتی

ز غم جدایی تو، چو ز عمر سیر گشتم
به مزار من گذر کن، به هوای سیر و گشتی

اگرش جنون ناقص، نگرفته بود دامن
زچه‌فرق داد مجنون، به‌میان شهر و دشتی

دل خوش به وجد آید، ز هوای گلشن اما
پر مرغ بسته‌باشد، گل و سبزه تیغ و طشتی

ز تو چشم مهر ای مه، دل من نداشت هرگز
دگر از چه کینه‌ورزی، تو که مهربان نگشتی

## شماره ۱۸۴

بی‌پرده برآمد مِهر زین پـردهٔ مینایی
از پرده تو ای مَه‌روی، بیرون ز چه می‌آیی؟

بر یاد شهید عشق، جامی زن و کامی جو
گر ساده در آغوشی، ور باده به مینایی

ای دل به‌سر زلفش، دستی‌زده‌ای زین‌روی
هم رشته به بازویی، هم سلسله در پایی

پیش نظر عاقل، چیزی نبوَد خوش‌تر
از مسلک مجنونی، وز شیوهٔ شیدایی

فــردای قیامت را، در چشم نمـی‌آرد
دیده‌است چو من مجنون، هرکس شب تنهایی

با فقر و فنا خو کن، زین عالم دون بگذر
بنگر چه شد اسکندر، با آن همه دارایی

چون فرخی بیدل، کی شد به سخن مشهور
بلبل به نواخوانی، طوطی به شکرخایی

### شماره ۱۸۵

نیمهٔ شب زلف را در سایهٔ مه تاب دادی
وز رخ چون آفتابت زینت مهتاب دادی

چشم می آلوده را پیوستگی دادی به ابرو
جای تُرک مست را در گوشه محراب دادی

ابرویت را پر عرق کردی دگر از آتش می
یا برای قتل ما شمشیر خود را آب دادی؟

چون پرستاران نشاندی کنج لب خال سیه را
هندوی پر تاب‌وتب را شیرهٔ عناب دادی
دیده‌ام را تا قیامت روز و شب بیدار دارد
وعدهٔ وصلی که از شوخی، تو اَم در خواب دادی
تا زدی ای لعبت چین شانه زلف عنبرین را
در کف باد صبا صد نافه مشک ناب دادی

شماره ۱۸۶

آن زلف مشک‌بو را، تا زیب دوش کردی
سرو بنفشه‌مو را، عنبرفروش کردی
در چنگ تار زلفت، تا نیمه‌شب دل من
چون نی نوا نمودی، چون دف خروش کردی
هم جمع دوستان را بی‌خود فکندی از چشم
هم قول دشمنان را، بیهوده گوش کردی
تا برفکندی از مهر، ای ماه پرده از چهر
بنیان عقل کندی، تاراج هوش کردی
همواره با درستان، پیمان شکستی اما
با خیل نادرستان، پیمانه نوش کردی
بر دوش من ز مستی، دیشب گذاشتی سر
دوشم دگر نبیند، کاری که دوش کردی
با آنکه سوختم من، شب تا سحر به بزمت
چون شمع صبحگاهان، ما را خموش کردی

شماره ۱۸۷

زال گردون را نباشد گر سر رویین‌تنی
جوشن رستم چرا پوشد ز ابر بهمنی؟

گر ندارد همچو پیران دشت در آهنگ رزم
پس چرا از یخ به سر بنهاده خود آهنی

نیست پشت بام اگر کوه گنابد از چه روی
برف آنجا از شبیخون می‌کند نَستیهَنی

ما نه هومانیم اگر با پافشاری چون کند
سوز سرما بر سر ما دست برد بیژنی

سینه‌سوز این‌سان چرا گر نیست باد بامداد
یادگار دشـنـهٔ کَشـواد و تیغ قارنی

آفتاب چلّه پنهان شد چرا در زیر ابر
آشکارا همچو جم در پنجهٔ اهریمنی

کبک دانی از چه آید پیش باز و بابزن
تا در آتشدان شود سرگرم بال و پر زنی

بس در این سرمای سخت و روز برف و ابر تار
گرم شد هنگامهٔ انگِشت و چوب و روشنی

گوهری را سر به سنگ از پیشهٔ انگِشت‌گر
سیم و زر را خون به دل از تیشهٔ هیزم‌کنی

## شماره ۱۸۸

قســم بــه عــزت و قــدر و مقـام آزادی
که روح‌بخـش جهان است نـام آزادی

به پیش اهل جهان محترم بود آن کس
که داشت از دل و جان احترام آزادی

چگونه پای گذاری به صرف دعوت شیخ
بــه مسلکی که نــدارد مــرام آزادی

هــزار بــار بــود بـه ز صبح استبداد
بــرای دستـۀ پابستـه، شــام آزادی

به روزگــار قیامت به پا شــود آن روز
کنند رنجبران چــون قیــام آزادی

اگر خدای به من فرصتی دهد یک روز
کشــم ز مرتجعیــن انتقــام آزادی

ز بند بندگی خواجه کی شــوی آزاد
چــو فرخی نشــوی گر غــلام آزادی

## شماره ۱۸۹

دل ز غم یک پرده خون شد پرده پوشی تا به کی؟
جان ز تن با ناله بیرون شد خموشی تا به کی؟

چون خم از خونابه‌های دل، دهان کف کرده است
با همه افسردگی این گرم‌جوشی تا به کی؟

درد بی‌درمان ز کوشش کی مداوا می‌کند
ای طبیب چاره‌جو بیهوده‌کوشی تا به کی؟

پیرو اشراف دادِ نوع‌خواهی می‌زند
با سرشت دیو، دعوی سروشی تا به کی؟

مفتخور را با زر ملت فروشی می‌خرید
ای گروه مفتخر ملت‌فروشی تا به کی؟

رنگ بی‌رنگی طلب کن ساده‌جویی تا به کی؟
مست صهبای صفا شو باده‌نوشی تا به کی؟

قسمت دوم
اشعار متفرقه

شماره ۱

شب دوشین که شبی بود شبیه شب قدر
همچو نوروز درآمد ز در آن سیمین صدر
ابرویش بود به رخ همچو هلالی در بدر
بر خدش زلف چو آویخته صدقی با غدر
در خطش لعل چو آمیخته سم با تَریاق

آمد از مهر چه آن ماه‌رخ چهارده سال
داشت بر چهره نکوخالی و در پا خلخال
کرد در پای بسی فتنه ز خلخال و ز خال
از دو رخسار سپید آیتی از صبح وصال
وز دو گیسوی سیه جلوه‌ای از شام فراق

به جفاکاری، هرچند بُد آن مه موصوف
لیک شد عمر به امّید وفایش مصروف
عارضش از دو طرف در شکن مو محفوف
راستی هم چو یکی مِهر اسیر دو کسوف
یا که یک ماه گرفتار میان دو محاق

چه دهم شرح ز طنّازی آن ترک چَگِل
که زِ رو آفت جان بود و به مو غارت دل

سخت‌کین، سست‌وفا، دیرصفا زودگُسِل
خسروِ دل به شکرخندهٔ قندش مایل

همچو فرهاد به گلگونْ‌رخ شیرین مشتاق

عمر من کوته از آن سلسلهٔ زلف بلند
که سراپاست شِکَنج و گره و بند و کمند
دین از آن رفته و جان شیفته و دل دربند
علّم الله دو رخت خورده به جنّت سوگند

لک طوبی دو لبت بسته به کوثر میثاق

باری آمد چو به کاشانه‌ام آن حادث ذوق
خون یک خلق به گردن بُدَش از حلقهٔ طوق
خشمگین بود چه شد تکیه‌زن مسند فوق
آن‌چنانی که به یک لحظه چنین الفت شوق

سربه‌سر گشت مبدّل به یکی کُلفَت شاق

گفتمش چیست بتا امشب این گفت و شنفت
عیش بی‌طیش نبایست نهاد از کف مفت
چون‌شنید این‌سخن‌از من‌متبسّم‌شد و گفت
طاق ابروی مرا از چه جهت گفتی جفت

جفت گیسوی مرا از چه جهت خواندی طاق

شماره ۲

راستی نبود بهجز افسانه و غیر از دروغ
آنچه ای تاریخ وجدانکش حکایت میکنی

بیجهت از خادم مغلوب گویی ناسزا
بیسبب از خائن غالب حمایت میکنی

پیش چشم مردمان چون شب بود رویت سیاه
زانکه در هر روز ای جانی جنایت میکنی

از رضا جز نارضایی حکمفرما گرچه نیست
بعد از این از او هم اظهار رضایت میکنی

شماره ۳

هیچ دانی از چه خود را خوب تزیین میکنم
بهر میدان قیامت رخش را زین میکنم

میروم امشب به استقبال مرگ و مردوار
تا سحر با زندگانی جنگ خونین میکنم

مـیروم در مجلس روحانیـان آخرت
واندر آنجا بیکتک طرح قوانین میکنم

نامهٔ حقگوی طوفان را به آزادی مدام
منتشر بیزحمت توقیف و توهین میکنم

شماره ٤

عیدِ جَم شد ای فریدون‌خو بت ایران‌پرست
مستبدی‌خوی‌ضحاکی‌است‌این‌خونهْ‌زدست

حالیا کز سَلْم و تور انگلیس و روس هست
ایـرجِ ایـران سراپا، دستگیر و پای‌بست

بِهْ که از راهِ تمدن تـرک بی‌مهری کنی
در رَهِ مشروطه اقـدامِ منوچهری کنی

این همان ایران که منزلگاه کیکاووس بود
خوابگاهِ داریـوش و مأمنِ سیروس بود

جای‌زال‌و‌رستم‌و‌گودرز‌و‌گیو‌و‌طوس‌بود
نی چنین پامالِ جورِ انگلیس و روس بود

این همه از بی‌حسی ما بود کافسرده‌ایم
مـردگـانِ زنـده بلکه زنـدگـانِ مـرده‌ایم

این وطن رزم‌آوری مانند قارن دیده است
وَقعهٔ گرشاسب و جنگ تَهَمتَن دیده است

هوشمندی‌همچو‌جاماس‌و‌پَشوتَن‌دیده‌است
شوکتِ گُشتاس و دارایی بهمن دیده است

هرگز این سان بی‌کس و بی‌یار بی‌یاور نبود
هیچ ایامی چو اکنون عاجز و مضطر نبود

رنج‌های اردشیر بابکان بر باد رفت
زحمت شاپورِ ذوالاکتاف، حال از یاد رفت
شیوهٔ نوشیروانی، رسمِ عدل و داد رفت
آبروی خاکِ ما بر بادِ استبداد رفت
حالیا گر بیند ایران را چنین بهرام گور
از خجالت تا قیامت سر برون نارد ز گور

آخرای بی‌شور مردم، عِرقِ ایرانی کجاست؟
شد وطن از دست، آیین مسلمانی کجاست؟
حشمتِ هُرمُز چه شد؟ شاپور ساسانی کجاست؟
سنجر سلجوق کو؟ منصور سامانی کجاست؟
گنج بادآور کجا شد؟ زرِّ دست‌افشار کو؟
صولتِ خصم‌افکنِ نادر شَهِ افشار کو؟

ای خوش آن روزی که ایران بود چون خُلدِ بَرین
وسعتِ این خاکِ پاک از روم بودی تا به چین
بوده از حیثِ نکویی جنّتِ روی زمین
شهریاران را بر این خاک از شرف بودی جبین
لیک فرزندان او قدرِ وُرا نشناختند
جسمِ پاکش را لگدکوبِ اَجانِب ساختند

شد ز دستِ پارتی این مملکت بی‌بوی و رنگ
پارتی زد شیشهٔ ناموسِ ایران را به سنگ
پارتی آورد نامِ نیکِ ایران را به ننگ
پارتی بنمود ما را بندهٔ اهلِ فرنگ

این همه بی‌همتی نبود جز از اهل نفاق
چارهٔ این درد بیچاره است علم و اتفاق

خواهی از توضیح عالم ای رفیقِ هموطن
گوشِ خود بگشا و توضیحات آن بشنو ز من
تا نگویی علم باشد منحصر در لا و لن
یک فلزی کان مساوی هست در قدرِ ثَمَن

عالم آن را موزر و توپ و مسلسل می‌کند
جاهل آن را صرف خاک‌انداز و منقل می‌کند

ور ز من خواهی تو حسن و اتفاق و اتحاد
جنگ ژاپونی و روسی را سراسر آر یاد
تا بدانی دولتی بی‌قدر و جاهی با نژاد
خانهٔ شاهنشهی چون روس را بر باد داد

اهل ژاپون تا به همدیگر نپیوستند دست
کی توانستند روسان را دهند این‌سان شکست

گر ز باد کبر و نار جهل برتابیم روی
شاید آبِ رفتهٔ این خاک باز آید به جوی
لیک با این وضعِ ایران مشکل است این گفت‌وگوی
چون که ما کردیم اکنون بر دو چیزِ زشت، خوی

نیمه‌ای از حالتِ افسردگی بی‌حالتیم
نیمِ دیگر کارِ استبدادیان را آلتیم

گَهْ به مُلکِ ری به فرمانِ جوانی با شتاب
کعبهٔ آمالِ ملت را کنیم از بُن خراب
گاه اندر یزد با عنوان شور و انقلاب
انجمن سازیم و نندیشیم از این ارتکاب

غیر ما مردم که نارِ جَهلِمان افروخته
تا به اکنون کی دَرِ بیت‌المقدس سوخته؟

این وطن در حالِ نَزع و خَصمَش اندر پیش و پس
وَهْ چه حالِ نَزع کاو را نیست بیش از یک نفس
داروی او اتحاد و همتِ ما هست و بس
لیک این فریادها را کی بود فریادرس

ای هواخواهانِ ایران نوبتِ مردانگی‌ست
پای غیر آمد میان، نی وقت جنگِ خانگی‌ست

تا که در ایران ز قانونِ اساسی هست نام
تا دهد مشروطه آزادی به خیلِ خاص و عام

تا ز ظالم می‌نماید عدل سَلبِ احترام
هر زمان این شعر می‌گویم پیِ ختمِ کلام

مجلسِ شورای ایران تا ابد پاینده باد
خسروِ مشروطهٔ ما تا قیامت زنده باد

خود تو می‌دانی نِی‌اَم از شاعرانِ چاپلوس
کز برای سیم بنمایم کسی را پای‌بوس

یا رسانم چرخ ریسی را به چرخ آبنوس
من نمی‌گویم تویی درگاه هیجا همچو طوس

لیک گویم گر به قانون مجریِ قانون شوی
بهمن و کیخسرو و جمشید و افریدون شوی

شماره ۵

ای دموکرات بت باشرف نوع‌پرست
که طرفداریِ ما رنجبران خوی تو هست

اندرین دوره که قانون‌شکنی دل‌ها خست
گر ز هم‌مسلکِ خویشت خبری نیست به‌دست

شرحِ این قصه شنو از دو لبِ دوخته‌ام
تا بسوزد دلت از بهرِ دلِ سوخته‌ام

ضیغم‌الدوله چو قانون‌شکنی پیشه نمود
از همان پیشهٔ خود ریشهٔ خود تیشه نمود

خونِ یک ملتِ غارت‌زده در شیشه نمود
نی ز وجدان خجل و نی ز حق اندیشه نمود

به گمانش که در امروز مجازاتی نیست
یا به فرداش بر این کرده مکافاتی نیست

تاخت در یزد چنان خِنگ سِتِبدادی را
کز میان برد به یکبارگی آزادی را

کرده پامال ستم قریه و آبادی را
خواست تا جلوه دهد مسلک اجدادی را

زآنکه می‌گفت من از سلسلهٔ چنگیزم
بی‌سبب نیست که چنگیزصفت خون‌ریزم

## شماره ٦

چندسازی فصل گل در ساحت مشکوی کوی
خیز و کن در باغ ای ماه هلال‌ابروی روی

در کنار جوی جا با قامت دلجوی جوی
کز شمیم مو دهی بر سنبل شب‌بوی بوی

وز نعیم رو بری از سوری شبرنگ رنگ
مقدم گل چون که بر عالم فرح افزود زود

سوختن باید ورا در موکب مسعود عود
خواهی اریابی تو در این جشن جان آسود سود

در گلستان آی و برزن بر فراز رود رود
زین چمن بشتاب و بنما آشنا بر چنگ چنگ

حالیا کز نو نموده باغ را آباد باد
به که از پیمانه گیرم تا خط بغداد داد

مادر دهر این چنین روزی کجا آزاد زاد
کز دو جانب می‌برد در سایه شمشاد شاد

ساقی از رخساره هوش و مطرب از آهنگ هنگ
گشت دل را گرچه زلفت ای نکواندام دام

یا که صبحم شد ز گیسوی تو خون آشام شام
باز هم برخیز و ده آغاز تا انجام جام

روی بنما تا بری یکباره از اصنام نام
پرده بگشا تا نمایی عرصه بر ارتنگ تنگ

شماره ۷

ای وطن‌پرور ایرانی اسلام‌پرست
همتی زآنکه وطن رفت چو اسلام ز دست

بیرق ایران از خصم جفاجو شده پست
دل پیغمبر را ظلم ستمکاران خست

خلفا را همه دل غرقه به خون است ز کفر
حال حیدر نتوان گفت که چون است ز کفر

گاه آن است که زین ولوله و جوش و خروش
که به پا گشته ز هر خائن اسلام‌فروش
غیرت تودهٔ اسلام درآید در جوش
همگی متحد و متفق و دوش به دوش

حفظ قرآن را بر دفع اجانب تازند
یا موفق شده یا جان گرامی بازند

مسجد ار باید امروز کلیسا نشود
یا وطن فردا منزلگه ترسا نشود
سبحه زنار و حرم دیر بحیرا نشود
شور اسلامی بایست، ولی تا نشود

بود ایران ستمدیده چو اسلام غریب
وین دو معدوم ز جور و ستم اهل صلیب
حبّذا روزی کاسلام طرفداری داشت
چون رسول مدنی سید و سالاری داشت
صدق صدّیقی و فاروق فداکاری داشت
عَمروزن، مرحب‌کش، حیدر کرّاری داشت

روی حق جلوه‌گر از حمزهٔ نام‌آور بود
پشت اسلام قوی از مدد جعفر بود

ای خوش آن روز که ایران بُد چون خلد برین
بود مستملکش از خطهٔ چین تا خط چین

از کیومرثش بُد روز سیامک تأمین
تاچه طهمورث و هوشنگ و جمش یار و معین

نی چو اکنون به تزلزل زد و ضحاک عدو
کـاوه آهنگر و آن فـر فـریدونی کو

داشــت امـروز گر اسلام نگهبانی چند
یا مسلمانی چون بوذر و سلمانی چند

یا که مانند زبیر اشجع شجعانی چند
کی شدی پامال از دست غرض‌رانی چند

غــازیــان احـد و بــدر مگر در خوابند
که به دنیا ز پی نصرت ما نشتابند

نیست چون سلم اگر خائن و دشمن چون تور
ایـرج ایـران، زیشـان، ز چه آمـد مقهور

اله اله چه شـد آن غیرت کَشواد غیور
قارنا ساما دیگر ز چه خُفتند به گور

گاه آن است که بر مام وطن مهر کنید
در گه کینه‌کشی، کـار منوچهر کنید

هرگز اسلام نبُد خوار چنین پیش ملل
سیف سیف‌الله اگر داشت کنون حسن عمل

شد کجا سعد معاذ ابن معاذ ابن جبل
کو ضرار، آن یل نام‌آور بی‌شبه و بدل

تا مصون دارد از حملهٔ کفر ایمان را
زاهل انجیل به جان حفظ کند قرآن را

شماره ۸

تا کیومرث بهار آمد و بنشست به تخت
سر زد اشکوفه سیامک‌سان از شاخ درخت

غنچه پوشیده چو هوشنگ زمردگون رخت
بست طهمورث بر دیو محن سلسله سخت

جام جمشید پر از باده کن اکنون که ز بخت
کرد هان دولت ضحاک خزان رو به زوال

چون فریدون علم افراشت ز نو فروردین
اُردی‌اش ایرج‌سان گشت ولیعهد زمین

سَلْمِ وی رشک بر او بُرد و کمر بست به کین
خون او ریز الا ماه منوچهرجبین

جِیشِ پورِ پَشَنِ حُزن، نهان شد به کمین
تا که با نوذر عشرت کند آهنگ قتال

«زو» صفت سبزهٔ نوخیز به باغ آمد شاد
کشور خویش به گرشاسب شمشاد نهاد

سرو رُست از لب جو یک‌تنه مانند قباد
پس به کاووس چمن حکم ولیعهدی داد

بطی از خون سیاوش بده ای ترک‌نژاد
که بزد خسرو گل تکیه بر اورنگ جلال

طوس را کرد پی کینه کش میر سپه
لشکر سبزه زدند از پی رهام رده

زد فریبرزِ چنار از لب هر جو خرگه
گیو باد آمد و یکباره بیفتاد به ره

دست پیران خزان ناشد از ایشان کوته
تا که ناصر نشد اسپند چنان رستم زال

نسترن با فر لهراسبی آمد در باغ
نرگس از ژاله چو گشتاسب تر کرد دماغ

آتش افروخت گل از چهرهٔ زردشت به راغ
داد رویین‌تن کاجش پی ترویج فراغ

زیر زرجاسب رَز خون دمادم به ایاغ
ای پَشوتن‌خدِ بهمن‌قد جاماسب‌کمال

شماره ۹

نصره‌الدوله در فنای وطن
در اروپا کند تلاش ببین
گاه پاریس و گه ژنو او را
با لبی پر ز ارتعاش ببین
در بر لُرد کِرزِنش دائم
با صدای جگرخراش ببین
همچو دلّال در فروش وطن
دائمش مشتری‌تراش ببین
از لوید جرج بیشتر اصرار
دارد این گرگ‌بچه فاش ببین
تا وطن را به انگلیس دهد
کاسهٔ گرمتر ز آش ببین

شماره ۱۰

مرا بارد از دیدگان اشک خونی
بر احوال ایران و حال کنونی
غریقم سراپای در آب و آتش
ز آه درونی ز اشک برونی

زبـــان‌آوران وطـــن را چـه آمـد
که لب بسته خو کـرده بـا این زبونی

چه شد ملتی را کـه یـزدان ز قدرت
هـمـی‌داد بـر اهـل عـالـم فـزونـی

چنین گشته خون‌سرد و افسرده آن‌سان
کـه گـویـی کـند دیـوشـان رهـنـمـونـی

نه گوشی است مـا را کـه سازیم اصغا
ز نـای وطـن صـوت أن پـرحـمـونـی

نه چشمی کـه بینیم خـوار اوفـتـاده
درفـش کـیـان از کـیـان در نگـونـی

وزیـــری کـه بـایـد مـقـام وطـن را
رسـانـد بـه اعـلـی رهـانـد ز دونـی

کـنـد مـسـتـبـدانـه کـار و نـدانـد
بـود مـمـلـکـت کُـنـسـتـی‌تـوسـیـونـی

وکـیـلـی کـه بـایـد پـی حـفـظ مـلـت
کـنـد بـی‌قـراری، کـنـد بـی‌سـکـونـی

دم نَـزع ایـران کـنـد بـا تـفـنّـن
بـه تـقـلـیـل تـکـثـیـر رأی آزمـونـی

سـرافـراز سـرکـرده‌ای را کـه بـایـد
بـه هـیـجـا قـشـون را نـمـایـد سـتـونـی

سـرآورده یکسر بـه طغیان و دارد
چـو حـیوان سـرکش هـوای حـرونـی

خـلیل وطـن را ز نـمـرودیـان بین
بـه جـان آتـش از دردهـای درونـی

مـگـر آب شـمـشـیـر ابـنـای ایـران
کـنـد کـارِ فـرمـانِ یـا نـارِ کـونـی

شماره ۱۱

ای وطن‌پرور ایرانی با مسلک و هوش

هان مکن جوش و خروش

پندهای من باتجربه بنمای به گوش

گر تویی پندنیوش

اجنبی گر به مثل می‌دهدت ساغر نوش

نوش، نیش است منوش

وز پی خستن او در همه اوقات بکوش

تا توان داری و توش

که عدو دوست نگردد به خدا گر نبی است

اجنبی اجنبی است

من سرگشته چو پرگار جهان گردیدم

رنج‌ها بکشیدم

پابرهنه ره دشت و دره را ببریدم

دست غم بگزیدم

حالت ملت عثمانی و ژرمن دیدم

خوب و بد بشنیدم

باز برگشته و از اجنبیان نومیدم

حالیا فهمیدم

که اگر شیخ خورد گول اجانب صبی است

اجنبی اجنبی است

تو مپندار کند کار کسی بهر کسی

قدر بال مگسی

تو عبث منتظر ناله و بانگ جرسی

کاروان رفت بسی

فارِس فارس تویی از چه نتازی فرسی

پیش آور نه پسی

همه دزدند در این ملک ندیدم عسسی

یا یکی دادرسی

هرچه گویم تو مگو گفتهٔ زیر لبی است

اجنبی اجنبی است

شماره ۱۲

تا بود جان گران‌مایه به تن
سر ما و قدم خاک وطن

بعد از ایجاد صد آشوب و فتن
بهر ایران ز چه رو در لندن

لرد کرزن عصبانی شده است
داخل مرثیه‌خوانی شده است

ما بزرگی به حقارت ندهیم
گوش بر حکم سفارت ندهیم

سلطنت را بـه امــارت ندهیـم
چون که ما تن به اسارت ندهیم
لـرد کـرزن عصبانی شــده است
داخـل مرثیه‌خوانی شده است

حـال «مارلینگ» تـو را فهمیدیم
«کـاکـس» را گـاه عمـل سنجیدیم
کودتـا کـردن «نـرمـان» دیدیم
آنچـه رفتیـم چـو بـرگـردیدیـم
لـرد کـرزن عصبانی شــده است
داخـل مرثیه‌خوانی شده است

آخـر ای لـرد ز مـا دسـت بدار
کشـور جـم نشـود استعمار
بهـر دلسـوزی مـا اشـک مبار
تـا نـگـویند ز الـغـای قرار
لـرد کـرزن عصبانی شــده است
داخـل مرثیه‌خوانی شده است

مـا جـگـرگـوشهٔ کی‌کاووسیـم
پـور جمشید جم و سیروسیـم

زادهٔ قــارَن و گـیـو و طـوسـیـم
زانـگـلـسـتـان چـو بـسـی مأیـوسـیـم

لــرد کــرزن عــصـبـانـی شــده اسـت
داخــل مــرثـیـه‌خــوانـی شــده اسـت

شماره ۱۳

ای آن که تو را به دل نه شک است و نه ریب
آگـاه ز حـال خـضـر و چـوپـان شعیب

خوش باش که گر خبر به طوفان ندهند
هـر روز بـگـیـرد خـبـر از مخبر غیب

***

لله الحمد که تهران بود آزَرم بهشت
ملت از هر جهت آسوده چه زیبا و چه زشت

اغنیا مشفق و با عاطفه و پاکسرشت
فقرا را نبود بستر و بالین از خشت

الغرض از ستم و جور اثری نیست که نیست
خبر این است که اینجا خبری نیست که نیست

مال ملت نشود حیف به تهران یک جو
نبود خرقهٔ بیچاره معلم به گرو
کِشتهٔ صبرِ «آژان» را نکند فقر درو
از کهن مخبر ما این خبر از نو بشنو

الغرض از ستم و جور اثری نیست که نیست
خبر این است که اینجا خبری نیست که نیست

سربه‌سر امن و امان منطقهٔ تبریز است
خاک آن خطّه چه فردوس نشاط‌انگیز است
تیغ بـرّان ایالت به اعادی تیز است
کلک معجز شِیَم‌اش جادوی سحرانگیز است

الغرض از ستم و جور اثری نیست که نیست
خبر این است که اینجا خبری نیست که نیست

گرچه رنجور به شیراز ایالت شده است
لیک از حضرتشان رفع کسالت شده است
ظلم ضبّاط مبدل به عدالت شده است
این همه معدلت اسباب خجالت شده است

الغرض از ستم و جور اثری نیست که نیست
خبر این است که اینجا خبری نیست که نیست

اهل کرمان همه آسوده و فارغ ز بلا
کس بر ایشان نکند ظلم چه پنهان، چه ملا
همگی شاکر و راضی ز عموم وکلا
حال آن جامعه خوب است ز لطف وزرا

الغرض از ستم و جور اثری نیست که نیست
خبر این است که اینجا خبری نیست که نیست

یزد امن است و اهالیش دعاگو هستند
بهر ابقای حکومت به هیاهو هستند
پی تقدیم هدایا به تکاپو هستند
راست گویی همه در روضهٔ مینو هستند

الغرض از ستم و جور اثری نیست که نیست
خبر این است که اینجا خبری نیست که نیست

دوش ابر آمد و باران به ملایر بارید
قیمت گندم و جو چند قرانی کاهید
در همان موقع شب دختر قاضی زایید
فتنه از مرحمت و عدل حکومت خوابید

الغرض از ستم و جور اثری نیست که نیست
خبر این است که اینجا خبری نیست که نیست

همدان از اِرَم امروز نشانی دارد
انتخابات در آنجا جریانی دارد
حضرت اقدس والا دَوَرانی دارد
بهر کاندید شدن نطق و بیانی دارد

الغرض از ستم و جور اثری نیست که نیست
خبر این است که اینجا خبری نیست که نیست

خرس خونسار فراری شده امسال به کوه
سارق «زَلّقی» از امنیت آمد به ستوه
رهزنان را دگر آنجا نبوَد جمع و گروه
نیست نظمیه در آن ناحیه با فر و شکوه

الغرض از ستم و جور اثری نیست که نیست
خبر این است که اینجا خبری نیست که نیست

اصفهان شکر که چون هشت بهشت آباد است
دل مردم همه از داد حکومت شاد است
بس که فکر و قلم و نطق و بیان آزاد است
حرف مردم همه از دورهٔ استبداد است

الغرض از ستم و جور اثری نیست که نیست
خبر این است که اینجا خبری نیست که نیست

شماره ۱٤

تـا نـشـود جـهـل مـا بـه عـلـم مـبدّل
پـیـش مـلـل بـنـدگـی مـاسـت مسجّل

تـودهٔ مـا فـاقـد حـقـوق سیاسـی اسـت
تـا نـشـود جـهـل مـا بـه عـلـم مـبدّل

مـا همگی جاهـل و ز دانـش مـحـروم
پیر و جوان شیخ و شاب کامل و اکمل

ویـن همهٔ ناقصی‌ست زان و مپندار
کـار صـحـیـح آیـد از گـروهـی مُحتل

فی‌المـثـل آن آهـنـی کـه اهـل اروپـا
ساخته ماشین از آن و توپ و مسلسل

در کـف مـا چـون فـتـاد از عـدم علم
بـا هـمـه زحـمـت کـنـیـم انـبـر و منقل

بـهـر چـنـیـن جـهـل راه چـارهٔ آنـی
بـهـر چـنـان درد یـک عـلاج معجّل

نیست بـه‌جز از طریق مـدرسـه و کار
ویـن بـه عـمـوم اسـت بی‌دلیل مدلل

هـسـت ز دربـاریـان دو فـرقـه و دائم
دولـت مـا مـی‌شـود از ایـن دو مشکّل

فرقه اول جسور، لکن خائن
دستهٔ ثانی فکور، اما مهمل

در وسط این دو دسته مملکت ما
گشته امورش ز چار جانب مختل

گه بردش این دوان‌دوان به چَهِ ویل
گه کشدش آن کشان‌کشان سوی مقتل

فرقهٔ اول نظیر فرقهٔ ثانی
دستهٔ ثانی مثال فرقهٔ اول

مالیه ما که خون‌بهای عمومی‌ست
در کف ارباب پارک‌های مجلل

گاه رَوَد در بهای تابلو و مبل
گاه شود صرف چلچراغ و سجنجل

آه که جای قباد و تهمتن و نیو
داد که مأوای طوس و گستهم یل

یکسره گردیده ز انحطاط عمومی
دستخوش و پایمال مشتی تنبل

کشور کسری که بود از فلک اعلی
دودهٔ ساسان که بود از همه افضل

این شده رجّاله زرنگی ادنی
وآن شده ویرانه ز غبرا اسفل

## شماره ۱۵

داد که دستورِ دیوخوی ز بیداد
کشور جم را به باد بی‌هنری داد

داد قراری که بی‌قراری ملت
زآن به فلک می‌رسد ز ولوله و داد

کاش یکی بردی این پیام به دستور
کی ز قرار تو داد و عهد تو فریاد

چشم بدت دور وه چه خوب نمودی
خانهٔ ما را خراب و خانه‌ات آباد

کاخ گِزِرسس که بود سخت چو آهن
بارهٔ بهمن بود که سخت چو پولاد

سربه‌سر آن را به زور پای‌فشاری
دست تو از بُن گرفت و کند ز بنیاد

سخت شگفتم ز سست رأی تو کای دون
با غم ملت چه‌ای ز کردهٔ خود شاد

شاد از آنی که داده آتش کینت
آبروی خاک پاک ما همه بر باد

حبس نمودی مرا که گفته‌ام آن دوست
در به روی دشمن وطن ز چه بگشاد

در عوض حبس گر بُری سرم از تیغ  
پای تو بوسم به مزد دست‌مریزاد  

لیک بگویم که طوق بندگی غیر  
گردن آزادمردمی ننهد راد  

وین ز اعادی به گوش حلقه بیفکند  
وآن ز اجانب به دوش غاشیه بنهاد  

در مائهٔ بیستم که زنگی اَفریک  
گشته ز زنجیر و بند بندگی آزاد  

خواجهٔ ما دست‌بسته پای‌شکسته  
یکسره ما را به قتلگاه فرستاد  

همتی ای ملت سلالهٔ قارن  
غیرتی ای مردم نبیرهٔ کَشواد  

تا نشود مرز داریوش چو بصره  
تا نشود کاخ اردشیر چو بغداد  

## شماره ۱۶

بود اگر تهران دمی در یاد آذربایجان  
بر فلک می‌رفت کی فریادِ آذربایجان  

خاک خودخواه خطرخیز ری بی‌آبروی  
داد بر باد فنا بنیاد آذربایجان

یکسر از بی‌اعتنایی‌های تهران شد خراب
خطهٔ مینووش آباد آذربایجان
از فشار خارج و داخل زمانی شاد نیست
خاطرِ غمدیدهٔ ناشادِ آذربایجان
مکری‌وسلدوزوسلماس‌وخوی‌وساوجبلاغ
سربه‌سر پامال شد ز اکراد آذربایجان
از ارومی بانگ هَل من ناصِر و یَنصُر بلند
کو معینی تا کند امداد آذربایجان
خصم‌خیره‌بخت‌تیره‌والی‌ازاهمال‌سست
سخت اندر زحمتند افراد آذربایجان
نیست‌رسم‌دادکزبیدادشخصی‌خودپرست
کر شود گوش فلک از داد آذربایجان
کی روا باشد به بند بندگی گردد اسیر
ملت با غیرت آزاد آذربایجان

شماره ۱۷

محو شد ایران ز اقدام قوام‌السلطنه
محو بادا در جهان نام قوام‌السلطنه
مذهبش کافرپرستی دینش آزادی‌کشی
ای دریغ از دین و اسلام قوام‌السلطنه

گشته بیت‌المال ملت بهر مشتی مفتخور
مـخزن الـطاف و انـعام قوام‌السلطنه

روز و شب آباد شد بغداد جمعی کاسه‌لیس
همچو اهل کوفه از شام قوام‌السلطنه

خامهٔ تقدیر، نام اکثریت را نوشت
طایران بسته در دام قوام‌السلطنه

دوخت تشریف خیانت گوییا خیاط صُنع
از بـرای زیـب انـدام قوام‌الـسلـطـنه

بـر فـراز مـرز و بـوم مـا زنـد فـال فنا
بـوم شـوم خفته بـر بـام قوام‌السلطنه

شماره ۱۸

سخت بسته با ما چرخ، عهد سست‌پیمانی
داده او بهر پستی، دستگاه سلطانی

دین ز دست مردم برد، فکرهای شیطانی
جمله طفل خود بردند، در سرای نصرانی

ای دریغ از این مذهب، داد از این مسلمانی

صاحب‌الزمان یکره سوی مردمان بنگر
کز پی لسان گشتند، جمله تابع کافر

در نمازشان خوانند، ذکر عیسی اندر بر
پا رکاب کن از مهر، ای امام بر و بحر
پیش از اینکه این عالم، رو نهد به ویرانی

در نمازشان گشتند، جمله آگه و معتاد
گرچه نبود ایشان را، از نماز ایزد یاد
شخص گبرشان عالِم، مرد ارمنی استاد
بهر درس خوش دادند، دین احمدی بر باد
خاکشان به سر بادا، هر زمان به نادانی

شماره ۱۹

عید جم گشت ایا ماه منوچهرعذار
بنما تهمتنی خون سیاووش بیار
آخر ای هموطنان شوکت ایران به کجاست
علم و ناموس وطن دوست وز یران به کجاست
این همان بیشه بود، غرّش شیران به کجاست

***

نه نماند و نه بمانَد به چنین ویرانی
روزی آید که ببینی هنر ایرانی

شماره ۲۰

فرخی کاین ادبیات سروده است خشن
عذرخواه است صمیمانه ز ابنای وطن

هر که را دوخته شد در ره مشروطه دهن
پر بدیهی است نگوید به‌جز از راست سخن

این وطن فتنهٔ ضحاک ستمگر دیده
آفت پور پشن، رنج سکندر دیده

جور چنگیزی و افغان ستمگر دیده
گرچه از دشمن دون ظلم مکرر دیده

باز بر جای فتاده است به سنگینی کوه
گوییا نامده از حملهٔ اعدا به ستوه

شماره ۲۱

پرّد ز افق بر چرخ، فوّارهٔ خون هر روز
تا غوطه زند خورشید از خون خیابانی

شماره ۲۲

تا به کی داری به ایران و به ایرانی امید
تا به کی گویی که صبح دولت ایران دمید

تا به کی گویی که آب رفته باز آید به جوی
تا به کی باید از این الفاظ بی‌معنی شنید

تا به کی باید که ملت را نمود اغفال و رنگ
تا به چند این ملت بی‌مغز را دادن نوید

مملکت یکباره استقلال خود از دست داد
شاهباز سروری از بام ایرانی پرید

یک نظر بنما به عدلیه ببین داور چه کرد
با تمام آن هیاهو با همه وعد وعید

گر نقاب از چهرهٔ این عدل بردارند خلق
رشته را بی‌پرده دست اجنبی خواهند دید

این هیاهو از برای خدمت ایران نبود
کرد از ما این سیاست عاقبت قطع امید

سال تاریخش شنیدم از سروش غیب گفت
داوری بیدادگر عدلیه را بر گُه کشید

# رباعیات

### شماره ۱

از بس که زند نوای غم چنگی ما             اندوه کند عزم هم‌آهنگی ما

شادی و گشایش جهان کافی نیست             در موقع غم برای دل‌تنگی ما

### شماره ۲

تن یافت برهنگی ز بی‌رختی ما             دل تن به قضا داد ز جان سختی ما

چون دید غم و محنت ما را شب عید             بگرفت عزای روز بدبختی ما

### شماره ۳

دردا که ز جهل درد نادانی ما             چون سلسله شد جمع پریشانی ما

با حق قضاوت اجانب امروز             یک داغ سیاهی‌ست به پیشانی ما

### شماره ۴

بی‌چیزی من اگرچه پا بست مرا             غم نیست که تاب نیستی هست مرا

با بی‌سر و پایی ز قناعت دائم             سرمایهٔ روزگار در دست مرا

شماره ۵

ای آن که تو را به دل نه شک است و نه ریب	آگاه ز حال خضر و چوپان شعیب
خوش باش که گر خبر به طوفان ندهند	هر روز بگیرد خبر از مخبر غیب

شماره ۶

این زمزمه‌های شوم را قائل کیست	وین نغمهٔ ناپسند را حاصل چیست
در گفتن حرف حق اثر هست اما	گوینده چو با ارادهٔ باطل نیست

شماره ۷

در ملک جهان زوال مال همه است	هنگام خوشی منال مال همه است
پامال غنی بوَد تهی‌دست چرا	گر نعمت و جاه و مال، مال همه است

شماره ۸

ای داد که شیوهٔ من و دل زاری‌ست	فریاد که پیشهٔ تو دل‌آزاری‌ست
ایجاد وزیر و قاضی و شحنهٔ شهر	شه داند و من که بهر مردم‌داری‌ست

شماره ۹

این فقر و فنا برای ما مایل کیست     وز خواری ما بهر غنی حاصل چیست
گر عقدهٔ آز اغنیا آسان شد     دانی که علاج فقرا مشکل نیست

شماره ۱۰

ای دیده تو را بر آب دیدیم و گذشت     ای خانه تو را خراب دیدیم و گذشت
وی بخت سیاه شوم بیدارآزار     یک عمر تو را به خواب دیدیم و گذشت

شماره ۱۱

دنیا که حیاتش همه جنگ و جدل است     وصلش همگی فراغ و اصلش بدل است
امروز چو دیروز مکن تکیه به حرف     کامروز جهان، جهان سعی و عمل است

شماره ۱۲

عهدی که در این خانه نوا بود، گذشت     همسایه به ما حکمروا بود گذشت
زین خانه‌خدا بترس ای خانه‌خراب     کان دوره که خانه بی‌خدا بود گذشت

شماره ۱۳

خوش آن که چو من حیات جاوید گرفت — وز دولت جام جای جمشید گرفت
هنگام بهار و روز نوروز به باغ — در سبزه و گل غلت زد و عید گرفت

شماره ۱۴

جان بندهٔ رنج و زحمت کارگر است — دل غرقه به خون ز محنت کارگر است
با دیدهٔ انصاف چو نیکو نگری — آفاق، رهین منت کارگر است

شماره ۱۵

آن سان که ستاره در سَما افزون است — در روی زمین حادثه گوناگون است
القصه از این حوادث رنگارنگ — بر هر که نظر بیفکنی دل خون است

شماره ۱۶

چون مرکز ثقل ما به جز مجلس نیست — آن کس که به مجلس نبود خاضع کیست
بر ملت اگر وکیل تحمیل شود — پس فایدهٔ حکومت ملی چیست

شماره ۱۷

ای داد که راه نفسی پیدا نیست		راه نفسی بهر کسی پیدا نیست
شهری‌ست پر از ناله و فریاد و فغان		فریاد که فریادرسی پیدا نیست

شماره ۱۸

دیشب که به صد فتنه و آشوب گذشت		از مهر به من آن مه محبوب گذشت
آن ماه دوهفته را چو دیدم امسال		یک ماه شب و روز به من خوب گذشت

شماره ۱۹

هرچند که پشت خم تخت من است		در روی زمین برهنگی رخت من است
با این‌همه جور چرخ و بی‌مهری ماه		خورشید فلک ستارهٔ بخت من است

شماره ۲۰

هرچند که انقلاب را قاعده نیست		در آتش و خون برای کس مائده نیست
اما دُوَل قوی چو در جنگ شوند		بهر ملل ضعیف بی‌فایده نیست

### شماره ۲۱

در دیدهٔ ما فقر و غنا هر دو یکی‌ست  
در مسلک ما شاه و گدا هر دو یکی‌ست

در کشتی بشکستهٔ طوفانی ما  
دردا که خدا و ناخدا هر دو یکی‌ست

### شماره ۲۲

در این ره سخت گر شود پای تو سست  
از دست شکستگان شوی رنجه درست

هرچیز که خواستی مهیا کردند  
گر مرد هنروری کنون نوبت توست

### شماره ۲۳

عمری که مرا به گردش و سیر گذشت  
دیروز به کعبه، دوش در دیر گذشت

هرچند که زندگی بلا بود اما  
از دولت مرگ آن بلاخیر گذشت

### شماره ۲۴

در دهر کسی چو ما بدین ذلت نیست  
وین ذلت لایزال بی‌علت نیست

هست از طرف ملت بی‌علم، قصور  
تقصیر همین ز جانب دولت نیست

### شماره ۲۵

آن کس که ز راه جور شد شادان کیست؟ / ور هست یقین ز دودهٔ انسان نیست

گر عاطفه نیست امتیاز بشری / پس فرق میان آدم و حیوان چیست؟

### شماره ۲۶

نادانی و جهل تا که ما را کیش است / بدبختی ما همیشه بیش از پیش است

هرچند ادارات خرابند همه / بی‌شبهه خرابی معارف بیش است

### شماره ۲۷

گر طالب صلح نامهٔ طوفان است / گر منکر جنگ خامهٔ طوفان است

مقصود از این سیاست جنگ و گریز / یکچند دگر ادامهٔ طوفان است

### شماره ۲۸

دریای پر آب، چشم نمناک من است / صحرای پر آتش، دل صد چاک من است

آن را که دهد زمانه بر باد فنا / از دست غم تو عاقبت خاک من است

### شماره ۲۹

دردی بتر از علت نادانی نیست  
جز علم دوای این پریشانی نیست

با آن که به روی گنج منزل دارد  
بدبخت و فقیرتر ز ایرانی نیست

### شماره ۳۰

در غمکده‌ای که شادی‌اش جز غم نیست  
تنها نه همین خاطر ما خرّم نیست

بر هر که نظر کنی گرفتار غم است  
گویا دل شاد در همه عالم نیست

### شماره ۳۱

چون ابر بهار چشم خون‌بار من است  
چون غنچهٔ نشکفته دل زار من است

فریاد و فغان و ناله هر شب تا صبح  
چون مرغ اسیر در قفس کار من است

### شماره ۳۲

هر خواجه که خیل و حَشَمش بیشتر است  
درد و غم و رنج و اَلَمش بیشتر است

دنیا نبود جای سرور و شادی  
هر پیش‌تری درد و غمش بیشتر است

شماره ۳۳

این زمزمه‌های غیرمستحسن چیست؟ — وین قطع مذاکرات بنیان‌کن چیست؟
گر دوست کند جفا و دشمن هم جور — پس فرق میان دوست با دشمن چیست؟

شماره ۳۴

تا پایهٔ معرفت نهادیم ز دست — یکسر به رهِ جهل فتادیم ز دست
چون کودک خُرد بهر جوز و خرما — دُر و گُهر ابلهانه دادیم ز دست

شماره ۳۵

تا خدمت ابنای بشر پیشهٔ ماست — آزادی و صلح و سِلم اندیشهٔ ماست
آن کس که کَنَد ریشهٔ بیداد و ستم — از مزرع ویران جهان تیشهٔ ماست

شماره ۳۶

چون پردهٔ خون دامن رنگین من است — چون رشتهٔ کوه بار سنگین من است
آن کس که ز دست غم نمی‌گردد شاد — با بی‌سروپایی دل غمگین من است

### شماره ۳۷

باغی که در آن آب و هوا روشن نیست / هرگز گل یکرنگ در آن گلشن نیست

هر دوست که راستگوی و یکرو نبود / در عالم دوستی کم از دشمن نیست

### شماره ۳۸

در دهر کسی چو ما بدین ذلت نیست / وین ذلت بی‌کرانه بی‌علت نیست

دولت که ز جلب نفع سرمایه کند / وقتی که ز فقر نامی از ملت نیست

### شماره ۳۹

هر کس که در این زمانه با فرهنگ است / با طالع برگشتهٔ خود در جنگ است

دلتنگی غنچه در چمن تنها نیست / بر هر که نظر کنی چو من دل تنگ است

### شماره ۴۰

در ملک وجود خودنمایی غلط است / در بندگی اظهار خدایی غلط است

بیگانگی آموز که با مسلک راست / با خلق زمانه آشنایی غلط است

### شماره ۴۱

چون موجد آزادی ما قانون است / ما محو نمی‌شویم تا قانون است
محکوم زوال کی شود آن ملت / در مملکتی که حکم با قانون است

### شماره ۴۲

هر مملکتی در این جهان آباد است / آبادی‌اش از پرتو عدل و داد است
کمتر شود از حادثه ویران و خراب / هر مملکتی که بیشتر آزاد است

### شماره ۴۳

قانون که اصول واجب‌ال‌تعظیم است / ما را به اطاعتش سر تسلیم است
گوید که بنای زندگانی بشر / بر روی قواعد امید و بیم است

### شماره ۴۴

طوفان که ز راستی به عالم عَلَم است / ویرانه‌کن بنای جور و ستم است
محبوب از آن بود که حق یا باطل / در مسلک خود همیشه ثابت‌قدم است

### شماره ۴۵

هرگز دل ما غمین ز بیش و کم نیست / گر بیش و اگر کم، دل ما را غم نیست

اسباب حیات نیست غیر از یک دم / آن نیز دمی باشد و دیگر دم نیست

### شماره ۴۶

در مسلک ما طریق مطلوب خوش است / دلجویی مردمان مغلوب خوش است

کافی نبوَد برای ما نیت خوب / با نیت خوب، کردهٔ خوب خوش است

### شماره ۴۷

پیش همه منفعت اگر مطلوب است / در نفع چرا این بد و آن یک خوب است

سودی که زیان ندارد از بهرِ عموم / سودی‌ست که جویندهٔ آن محبوب است

### شماره ۴۸

آیینهٔ حق‌نما دل خستهٔ ماست / برهان حقیقت دهن بستهٔ ماست

آن کس که درست حق و باطل بنوشت / نوک قلم و خامهٔ بشکستهٔ ماست

شماره ۴۹

تا عمر بوَد، درستی آیین من است / بدخواه کژی، مسلک دیرین من است
آزادی و خیرخواهی نوع بشر / مقصود و مرام و مسلک و دین من است

شماره ۵۰

در کشور ما که مهد اندوه و غم است / در آن دل و جان شاد، بسیار کم است
از همقدمان خود عقب خواهد ماند / هرکس که درین زمانه ثابت‌قدم است

شماره ۵۱

اکنون که چمن چو چترکی کاووس است / وز سبزه دمن چو خوابگاه طوس است
برخیز به بط کن می چون چشم خروس / کز گل، در و دشت چون پر طاووس است

شماره ۵۲

امسال بهار جشن می خواران است / اطراف چمن نشیمن یاران است
از دولت ابر و باد و باران بهار / گلزار شکوفه‌ریز و گل‌باران است

شماره ۵۳

هرکس که چو گل در این چمن یکرنگ است — با خار به پیش باغبان همسنگ است
دل‌تنگی غنچه در چمن تنها نیست — بر هر که نظر کنی چو من دل‌تنگ است

شماره ۵۴

دنیا که مقر حکم‌فرمایی توست — سعی و عملش اصل خودآرایی توست
در پیش مدیر این تجارت‌خانه — سهم تو به قدر فهم و دانایی توست

شماره ۵۵

یا دوست دشمن‌اند یا دشمن دوست — از دست رها مکن چو من دامن دوست
پرهیز نما ز دوستانی که ز جهل — گر خوار شوی چو خار در گلشن دوست

شماره ۵۶

هر روز در این خرابه جنگی دگر است — در ساغر شهد ما شرنگی دگر است
اوضاع سیاست عمومی گویا — چون بوقلمون باز به رنگی دگر است

شماره ۵۷

ای خصم تو را مجال کین‌توزی نیست — در کشور ما امید فیروزی نیست
با ما ز در صلح و صفا بیرون آی — کامروز جهان، جهان دیروزی نیست

شماره ۵۸

هرکس که به عهد دوستی پایه نداشت — در دست برای سود، سرمایه نداشت
از دایره کم نه‌ای به یک نقطه بگرد — پیراهن دوستی که پیرایه نداشت

شماره ۵۹

با طبع بلند، قصر قیصر هیچ است — دارایی دارا و سکندر هیچ است
با خانه‌به‌دوشی به بر همت ما — صد قافله گنج، خانهٔ زر هیچ است

شماره ۶۰

دنیای ضعیف‌کش که از حق دور است — حق را به قوی می‌دهد و معذور است
بیهوده سخن ز حق و باطل چه کنی — رو زور به دست آر که حق با زور است

شماره ۶۱

دنیا چو یکی خانه و جای همه است　　وین خانهٔ غمسرا سرای همه است
این است که عیش و نوش این خانه تمام　　از بهرِ یکی نیست برای همه است

شماره ۶۲

روزی که شرار بغض و کین شعله‌ور است　　وز آتش فتنه خشک و تر در خطر است
افسوس من این است که در آن هنگام　　بیچاره‌تر آن بوَد که بیچاره‌تر است

شماره ۶۳

عمری به ره جنون نشستیم و گذشت　　وز ملک خرد برون نشستیم و گذشت
القصّه کنار این چمن با خواری　　چون لاله میان خون نشستیم و گذشت

شماره ۶۴

ما را همه از دو کون یک گوشه بس است　　در راه طلب عزم متین توشه بس است
از کشته روزگار و از خرمن دهر　　یک دانه کفایت است و یک خوشه بس است

شماره ۶۵

ای کاهن خودپرست، معبود تو کیست؟ وی خائن شوم پست، مقصود تو کیست؟
با ناز ایاز جلوه منما کاین مرد هرچند که احمد است، محمود تو نیست

شماره ۶۶

جز ایزد پاک، حاکم عادل نیست جز موجد خاک، قاضی قابل نیست
یک‌بار توان قاتل صد تن را کشت زآن‌رو که مجازات بشر کامل نیست

شماره ۶۷

مظلوم‌کشی طریقهٔ محتشم است قانون‌شکنی پیشهٔ اهل ستم است
هر سر که به احترام قانون خم شد در مسلک ارباب قلم محترم است

شماره ۶۸

عالم همه عابدند و معبود یکی است دنیا همه ساجدند و مسجود یکی است
با دیدهٔ انصاف چو نیکو نگری روحانی و ما را همه مقصود یکی است

شماره ۶۹

آن سلسله را که جز خطا باطن نیست / کس نیست که بر خطایشان طاعن نیست
روزی به وثوق شاد و گاهی به قوام / القصه که این طایفه بی‌خائن نیست

شماره ۷۰

دل خسته ز آزار دل‌آزاران است / جان رنجه ز بیداد ستمکاران است
تنبیه و مجازات خیانت‌کاران / در جامعه پاداش نکوکاران است

شماره ۷۱

تا بخت من و تو خواب‌تر از همه است / چشم تو و من پرآب‌تر از همه است
هرچند ادارات خرابند ولیک / عدلیّهٔ ما خراب‌تر از همه است

شماره ۷۲

در کشور ما که جنگ اصنافی نیست / حاکم به جز از اصول اشرافی نیست
این است که بر خطای یک تن ناچار / صد مدرک و درج ده سند کافی نیست

### شماره ۷۳

منصور که در عدلیه قادر شده است       دیر آمده زود از مَصادر شده است

هشتادویک ابلاغ خلاف قانون        از جانب آن جسور صادر شده است

### شماره ۷۴

از رأی‌خران دلم دمی بی‌غم نیست       وز رأی‌فروش جان من خُرّم نیست

با این وکلا مجلس پنجم در وزن       از مجلس تاریخی چارم کم نیست

### شماره ۷۵

تا رسم غنی غیر دل‌آزاری نیست       ازبهرِ فقیر، چاره جز زاری نیست

این خواری و این ذلت و این فقر عموم       بی‌شبهه به جز علت بیکاری نیست

### شماره ۷۶

ای آن که تو را گفتهٔ ما باور نیست       ور هست ز جُبن قدرت کیفر نیست

با منطق و مدرک بشنو نالهٔ ما       گر گوش رئیس‌الوزرایی کر نیست

۲۱۱

شماره ۷۷

با مشت و لگد معنی امنیت چیست؟ / با نفی بلد ناجی امنیت کیست؟
با زور مرا مگو که امنیت هست / !با ناله ز من شنو که امنیت نیست

شماره ۷۸

کابینهٔ ما اگرچه بی‌تصمیم است / معبود شما به دشمنان تسلیم است
از خادم حال گر امیدی نبود / از خائن آینده هزاران بیم است

شماره ۷۹

آن عهد که بسته شد میان من و دوست / بشکسته شد از فتنهٔ اهریمن و دوست
دانستم از اول که در این کار آخر / انگشت‌نما شوم برِ دشمن و دوست

شماره ۸۰

در موقع سخت می‌نباید شد سست / کز عزم، شکسته را توان کرد درست
خورشید موفقیت رخشان را / در سایهٔ اتفاق می‌باید جست

شماره ۸۱

در مسلک ما که عزّت و ذلّت نیست — سلطان و فقیر و کثرت و قلّت نیست
هرکس که به دست خویشتن کار نکرد — صالح به نمایندگی ملّت نیست

شماره ۸۲

تحکیم اساس بر مؤسس فرض است — این اصل به هر مُنعِم و مُفلِس فرض است
بر فرض وکیل هم خطاپیشه بود — بر جامعه احترام مجلس فرض است

شماره ۸۳

ای توده که جهل در سرشت من و توست — هشدار که گاه زرع و کشت من و توست
تا شب پی حق خویش از پا منشین — برخیز که روز سرنوشت من و توست

شماره ۸۴

این جعبهٔ رأی را چه دین و کیش است — کز آن دل خوب و زشت در تشویش است
گردیده چه دنیای دنی این صندوق — هر یک نفری در آن دو روزی پیش است

### شماره ۸۵

آن جعبه که رأی خلق گنجینهٔ اوست / بی‌مهری روزگار از کینهٔ اوست
فرمان سعادت و شقاوت دارد / این راز نهفته‌ای که در سینهٔ اوست

### شماره ۸۶

ای جعبه که سرنوشت ما در یَد توست / مقصود عموم، تابع مقصد توست
امروز که بی‌طرف شوی با بد و خوب / فرداست که خوب و بد ز خوب و بد توست

### شماره ۸۷

صندوقچه‌ای که جای آرا شده است / هم روح‌گداز و هم دل‌آرا شده است
دیو و دد و دام و وحش و طیر است در آن / این جعبه مگر جنگل مولا شده است

### شماره ۸۸

این جعبه که آرا همه در دامن اوست / چون دور سپهر بی‌وفایی فن اوست
از بس که به این و آن دهد وعدهٔ وصل / خون دو هزار کشته در گردن اوست

شماره ۸۹

درداکه دوای دل به جز حسرت نیست حسرت به حساب قلّت و کثرت نیست
گیرم که شود مجلس پنجم هم بد بدتر ز فساد دورهٔ فترت نیست

شماره ۹۰

این غنچهٔ نوشکفته، خوش واشده است وین غورهٔ نارسیده حلوا شده است
آن را که برای نوکری آوردیم دیری نگذشته زود آقا شده است

شماره ۹۱

هرچند که سیل آرزو را سد نیست هرچند توقع بشر را حد نیست
با کم‌غرضی اگر کنی خوب نظر کابینهٔ امروزی ما پُر بد نیست

شماره ۹۲

چون نامهٔ ما برای کلّاشی نیست چون خامهٔ ما مُرتَشی از راشی نیست
پس پیشهٔ ما هرزه‌درایی نبود پس حرفهٔ ما تهمت و فحاشی نیست

شماره ۹۳

امـروز محصلین ز اعلی تا پست — دارند کل اندر کف و بیرق در دست
یعنی که به قحطی‌زدگان رحم کنید — ای مـلـت بـاعـاطـفـهٔ نـوع‌پـرسـت

شماره ۹۴

با آن که غنی خزانه دولت نیست — با آن که به فقر می‌کند ملت زیست
از چیست حقوق وکلا قَمچی کش — یک‌دفعه‌دواسبه‌آیدازصدبه‌دویست

شماره ۹۵

در مملکتی که جنگ اصنافی نیست — آزادی آن منبسط و کافی نیست
در جشن به کارگر چرا ره ندهند — این‌مجلس‌اگرمجلس‌اشرافی‌نیست

شماره ۹۶

در مملکتی که نام آزادی نیست — ویـرانـی آن قـابـل آبـادی نیست
بـهـرِ دل چـون آهـن آزادی‌کـش — درمان به‌جز از دشنهٔ پولادی نیست

### شماره ۹۷

در کشور ما که دزد را واهمه نیست  …  جز گرگ، شبان برای مشتی رمه نیست
آنجا که مضار هست بهرِ همه است  …  وانجا که منافع است مال همه نیست

### شماره ۹۸

تشکیل جهان ز روی بی‌انصافی است  …  چون دستخوش تجمّل اشرافی است
یک دستۀ خودخواه اگر بگذارند  …  ازبهرِ بشر ثروت دنیا کافی است

### شماره ۹۹

آن را که درستی عمل، کیش بود  …  زان کردۀ خوب، دشمن خویش بود
هرکس که خطاکاری او بیش بود  …  پیش همه‌کس در همه‌جا پیش بود

### شماره ۱۰۰

اوضاع نجومی چو به تقویم آید  …  این جملۀ برجسته به تنظیم آید
کـز جـانب کابینۀ امـروزی ما  …  از روز نخست بـوی ترمیم آید

### شماره ۱۰۱

با خلق خدا شریک غم باید شد — سربار به دوش دوست کم باید شد

خواهی ببری گوی معارف‌خواهی — در گاه عمل پیش‌قدم باید شد

### شماره ۱۰۲

آن کس که مقام مستشاری دارد — در مالیه اختصاص کاری دارد

راپــورت ورا اگر به دقت خوانی — بیش از همه‌چیز امیدواری دارد

### شماره ۱۰۳

گویم سخنی اگر که تصدیق کنید — آن را به جوان و پیر تزریق کنید

روزی‌ست که صنعتگر ایرانی را — از راه خرید جنس تشویق کنید

### شماره ۱۰۴

یکدم دل ما غمزدگان شاد نشد — ویرانهٔ مــا از ســتم آبــاد نشد

دادنـد بسی به راه آزادی جان — اما چه نتیجه ملت آزاد نشد

### شماره ۱۰۵

آن خودسر مرتجع که دل‌ها خون کرد  پامال هوای نفس خود قانون کرد

دیدی که چه‌سان دست طبیعت او را  از دایره با مشت و لگد بیرون کرد؟

### شماره ۱۰۶

از دست تو گر دل ز غمت چاک نبود  از طعنهٔ این و آن مرا باک نبود

راز دل دوستان نمی‌کردم فاش  گر نقشهٔ دشمنان خطرناک نبود

### شماره ۱۰۷

بر دورهٔ فترت اعتباری نبود  با مجلس پنجم افتخاری نبود

در فاصلهٔ این دو، به صد مأیوسی  یک ذره مرا امیدواری نبود

### شماره ۱۰۸

ای کاش من و تو را کمی مدرک بود  خودخواهی هر دو پر نبود اندک بود

جای همه نام‌های حزبی، ای کاش  این مردم خودپرست را مسلک بود

### شماره ۱۰۹

آنان که اصول را مراعات کنند / عنوان مکافات و مجازات کنند

خوب است خطاکاری بدکاران را / در محکمهٔ صالحه اثبات کنند

### شماره ۱۱۰

عاقل که جز اقدام لزومی نکند / غمناک دل غریب و بومی نکند

داند که حکومتی نگردد ثابت / تا تکیه بر افکار عمومی نکند

### شماره ۱۱۱

آنان که تو را به خویش ترغیب کنند / ترغیب اثر چو کرد، ترعیب کنند

اول قدم اختناق آزادی را / در جلسه به اتفاق تصویب کنند

### شماره ۱۱۲

بس نالهٔ جغد غم در این بوم آید / نشگفت اگر فرّ هما شوم آید

یک لحظه اگر کسی کند باز دو گوش / از چار طرف صدای مظلوم آید

### شماره ۱۱۳

دولت چو به فکر خویش تشکیل شود ناچار نفوذ غیر تقلیل شود

با فکر خودی اگر نگردد تشکیل بر آن نظر خارجه تحمیل شود

### شماره ۱۱۴

در کعبه خطاکار خطابم کردند از بتکده رندانه جوابم کردند

آباد شود کوی خرابات مغان کانجا به یکی جرعه خرابم کردند

### شماره ۱۱۵

تا چند به جور و ظلم تصمیم کنید در کیسهٔ خویشتن زر و سیم کنید

هر منفعتی که حاصل مملکت است خوب است که عادلانه تقسیم کنید

### شماره ۱۱۶

هرگز به هما، بوم برابر نشود با بلبل باغ، زاغ همسر نشود

از حملهٔ یک طایفه بی‌ایمان این مؤمن سالخورده کافر نشود

شماره ۱۱۷

افسوس که دسترنج ما را بردند / با بُطر، چهار و پنج ما را بردند
ما و تو به رنجیم و حریفان زرنگ / بی‌زحمت و رنج، گنج ما را بردند

شماره ۱۱۸

این قوم که تا کشور ما تاخته‌اند / با رایت خود سری برافراخته‌اند
با این همه های‌هوی ایشان دیدیم / هنگام عمل وظیفه نشناخته‌اند

شماره ۱۱۹

ای مجلسیان دگر چه رنگی دارید / در حمله شتاب یا درنگی دارید
دیشب زده‌اید تیغ خود را صیقل / امـروز مگر خـیال جنگی داریـد

شماره ۱۲۰

دستی که به پرده کعبه را دیر کند / بیگانه خـودی، یگانه را غیر کند
بیرون شده زآستین شهرآشوبی / از دست چنین بشر خدا خیر کند

شماره ۱۲۱

یا هم چو ضعیف منزوی باید شد　　یا صاحب زور معنوی باید شد
فریاد و فغان و ناله را نیست اثر　　در جامعهٔ بشر قوی باید شد

شماره ۱۲۲

هر خویش چو نقش در و دیوار نشد　　از نقشهٔ بیگانه خبردار نشد
یک عمر بر این ملت خواب‌آلوده　　فریاد و فغان زدیم بیدار نشد

شماره ۱۲۳

درد و غم خوبان جوان پیرم کرد　　بدعهدی آسمان زمینگیرم کرد
من ماندم و من با همه بدبختی‌ها　　ای مرگ بیا که زندگی سیرم کرد

شماره ۱۲۴

ای توده بی‌صدا خموشی نکنید　　بر پرده دریده پرده‌پوشی نکنید
از مرتجعین پول بگیرید ولیک　　در موقع رأی خودفروشی نکنید

### شماره ۱۲۵

آنان که تو را دو سال یکبار خرند      هرچند گران شوی به ناچار خرند

ارزان مفروش خویش را ای توده      چون مردم کم‌فروش بسیار خرند

### شماره ۱۲۶

گر هادی ما ز جهل گمراه نبود      گمراهی او در همه افواه نبود

کابینه نمی‌شد متزلزل هرگز      گر «لیدر» خودپسند خودخواه نبود

### شماره ۱۲۷

شادم که دل خراب ترمیم نشد      در پیش امید و بیم تسلیم نشد

یک صبح رهین نور امید نگشت      یک شام غمین ظلمت و بیم نشد

### شماره ۱۲۸

نظار چو قفل جعبه را باز کنند      از خواندن رأی نغمه آغاز کنند

کم‌غصه‌وپرشوق‌وشعف‌دانی‌کیست      آن را که فزون از همه آواز کنند

### شماره ۱۲۹

از سنگلج آوای غم اندوز آید   بانگ خشنی ولی دل‌افروز آید

یک لحظه در آن حوزه اگر بنشینی   صد مرتبه فریاد جهان‌سوز آید

### شماره ۱۳۰

از رأی شمیران غم دل افزون شد   وز جعبهٔ شوم کَن جگرها خون شد

چون نوبت آرای لواسان گردید   فریادکنان جان ز بدن بیرون شد

### شماره ۱۳۱

گر درد و غم قدیم تجدید شود   یا دورهٔ ارتجاع تمدید شود

بهتر که ز آرای لواسان خراب   آزادی ما یکسره تهدید شود

### شماره ۱۳۲

روزی که شهید عشق قربانی شد   آغشته به خون مَفخَر ایرانی شد

در ماتم او عارف و عامی گفتند   ایام صفر محرم ثانی شد

شماره ۱۳۳

از سطح افق شعلهٔ گلگون آید — وز رنگ شفق ترشّح خون آید
یک پردهٔ بسیار مهمی بالاست — تا از پس این پرده چه بیرون آید

شماره ۱۳۴

از عدل اگر وکیل توصیف کند — روزنامه‌نگار مدح و تعریف کند
زین پس به خلاف پیش‌تر جا دارد — گر پارلمان ادای تکلیف کند

شماره ۱۳۵

آنان که به عدل و داد مفتون گشتند — تسلیم مقرّرات قانون گشتند
وآنها که به فرعونی خود بالیدند — ناگاه غریق لُجّهٔ خون گشتند

شماره ۱۳۶

آنان که به قانون‌شکنی مشغولند — پیش وکلا ز خوب و بد مسئولند
آن روز که اعتماد مجلس شد سَلب — از شغل وزارت همگی معزولند

### شماره ۱۳۷

دوشینه لوای صلح افراشته شد  ***   در مزرع دل، تخم صفا کاشته شد
اصلاح وزیر جنگ با پارلمان  ***   نیکو قدمی بود که برداشته شد

### شماره ۱۳۸

چون مرتجعین آلت نیرنگ شدند  ***   آزادی و ارتجاع در جنگ شدند
القصّه به نام حفظ اسلام ز کفر  ***   یک دسته ز روی سادگی رنگ شدند

### شماره ۱۳۹

آن شیخ که دم ز علم اَخفَش می‌زد  ***   با ساده‌رخان بادهٔ بی‌غش می‌زد
دیدم که برای دستمالی موهوم  ***   بی‌واسطه قیصریه آتش می‌زد

### شماره ۱۴۰

صد مرد چو شیر، عهد و پیمان کردند  ***   اعلان گرسنگی به زندان کردند
شیران گرسنه از پی حفظ شرف  ***   با شور و شعف ترک سر و جان کردند

شماره ۱۴۱

ما طالب آن که کار مطلوب کند — خود را بر خوب و زشت محبوب کند
ما دوست نداریم نماییم انکار — گر دشمن ما هم عمل خوب کند

شماره ۱۴۲

آنان که خطای خویش تکمیل کنند — خواهند به ما فشار تحمیل کنند
ای وای به مجلسی که در آن وکلا — از روی غرض «فرونت» تشکیل کنند

شماره ۱۴۳

ابنای جهان که زادهٔ بوالبشرند — آن تودهٔ اصل زارع و کارگرند
صنف دگری معاونند آنها را — باقی همه جمع فرعی و مفتخورند

شماره ۱۴۴

آن قوم که با عاطفه و انسانند — با قید اصول، بنده احسانند
چون نیست اصول اقل و اکثر، همگی — در چشم اصول‌بین ما یکسانند

شماره ۱۴۵

پولی که ز خون خلق آماده شود — صرف بت ساده و بط و باده شود
افسوس که دسترنج یک مشت فقیر — چون جمع شود حقوق شهزاده شود

شماره ۱۴۶

در گاه عمل شتاب می‌باید کرد — جان باخته فتح باب می‌باید کرد
ای کاش که توده بعد از این می‌دانست — کز جنس خود انتخاب می‌باید کرد

شماره ۱۴۷

گر مشکل فقر و ثروت آسان گردد — آسوده ز غم تودهٔ انسان گردد
گو کیست که گشته حارس میش ز جور — مالک چو نمایندهٔ دهقان گردد

شماره ۱۴۸

یاران ز می غرور، مستی نکنید — چون پای دهد، درازدستی نکنید
اکنون که شدید «سوسیالیست» مآب — خودخواهی و اشراف‌پرستی نکنید

### شماره ۱۴۹

هر شر اگر از امور خیریه نبود / خون فقرا وجوه برّیه نبود
حال علمای خوب کی بود چنین / گر عالِم بد طالب شهریه نبود

### شماره ۱۵۰

گر سائس ملک با کیاست باشد / دارای درایت و فراست باشد
مابین دو همسایه بباید ناچار / مایل به توازن سیاست باشد

### شماره ۱۵۱

استاد ازل که درس بیداد نداد / جز مسئلهٔ داد مرا یاد نداد
ما داد ز بیدادگران بستانیم / گر محکمهٔ داد به ما داد نداد

### شماره ۱۵۲

با پاکدلان پاک‌نهادی باید / از مُختلسین قطع ایادی باید
یا آنکه ز ورشکستگی باید مرد / یا چارهٔ فقر اقتصادی باید

شماره ۱۵۳

طوفان که طرفدار صفا خواهد بود معدوم کنِ جور و جفا خواهد بود
گر جنگ کند برای حیثیت خویش نسبت به عقیده باوفا خواهد بود

شماره ۱۵۴

ما را متمولین گدا می‌خواهند بیچاره و بی‌برگ و نوا می‌خواهند
با بودن این مجلس اشرافی باز یک دسته ستمکار «سنا» می‌خواهند

شماره ۱۵۵

اول ره کار را نشان باید داد در موقع کار امتحان باید داد
چون کار به عالِم جوان نسپاری پس کار به پیر کاردان باید داد

شماره ۱۵۶

جمعی ز غنا صاحب افسر باشند یک دسته ز فقر خاک بر سر باشند
باید که بر این فزود، از آن یک کاست تا هر دو برادر و برابر باشند

### شماره ۱۵۷

آنان که سوار اسب گلگون شده‌اند / از مَکمَن ارتجاع بیرون شده‌اند
با آن که گرو برده به قانون‌شکنی / امروز نمایندهٔ قانون شده‌اند

### شماره ۱۵۸

بی‌مهری اگر با من شیدا نکنید / یا کینهٔ دیرینه هویدا نکنید
با این‌همه عیب بهتر از مستوفی / بی‌شبهه در این محیط پیدا نکنید

### شماره ۱۵۹

گر دور زمانه این چنین خواهد بود / نااهل به اهل جانشین خواهد بود
بحران اگر امتداد یابد چندی / حال تو و من بدتر از این خواهد بود

### شماره ۱۶۰

تا چون من و شانه باد شیدا نشود / در زلف تو عقدهٔ دلم وا نشود
کن سعی و عمل پیشه که بی زحمت و رنج / از بهرِ کسی گنج مهیا نشود

### شماره ۱۶۱

بس همنفسان نرد غلط باخته‌اند     یک جامعه را به شبهه انداخته‌اند

با آن‌همه امتحان هنوز این مردم     ما را به ثبات عزم نشناخته‌اند

### شماره ۱۶۲

ای دودهٔ جم قیام یکباره کنید     بیچارگی عموم را چاره کنید

زنجیر اسارتی که در پای شماست     خوب است به دست خویشتن پاره کنید

### شماره ۱۶۳

آنان که به پا بنای هستی دارند     بر مال وطن درازدستی دارند

چون منفعت از برایشان بیشتر است     بیش از دگران وطن‌پرستی دارند

### شماره ۱۶۴

دردا که جهان به ما دل شاد نداد     جز درس غم و مِحَن به ما یاد نداد

ای داد که آسمان ز بیدادگری     با این‌همه داد ما، به ما داد نداد

### شماره ۱۶۵

این پول که صاحبان القاب خورند     خون دل ماست چون می ناب خورند

تا کی عرق جبین یک ملت را     بگرفته و قطره قطره چون آب خورند

### شماره ۱۶۶

گر شیخ ریا رند قدح‌نوش نبود     گر شحنهٔ شهر مست و مدهوش نبود

یک شمّه ز بی‌مهری او می‌گفتم     گر مهر مرا بر لب خاموش نبود

### شماره ۱۶۷

آنان که لوای فقر افراخته‌اند     یکباره سوی ملک فنا تاخته‌اند

بیچاره و چاره‌ساز خلقند تمام     آنان که به دل‌سوختگی ساخته‌اند

### شماره ۱۶۸

یکدم دل من ز غصّه آسوده نشد     وین عقدهٔ ناگشوده بگشوده نشد

این دامن پاک چاک‌چاکم هرگز     الّا ز سرشک دیده آلوده نشد

### شماره ۱۶۹

تا جرأت و پشتکار، توأم نشود          شیرازهٔ کارها منظم نشود
گیرم نشد این بنای ویران آباد          بی‌شبهه از این خراب‌تر هم نشود

### شماره ۱۷۰

هر سر که به پای خم می سوده نشد          از دست غم زمانه آسوده نشد
هر دامن پاکی که به می شد رنگین          با آن همه آلودگی آلوده نشد

### شماره ۱۷۱

آخر دل من ز غصّه خون خواهد شد          وز روزنهٔ دیده برون خواهد شد
با این افق تیره خدا داند و بس          کاین مملکت خراب چون خواهد شد

### شماره ۱۷۲

گفتی دل خون‌کرده عوض خواهد شد          از دیده سر آورده عوض خواهد شد
با رنگ سیاستی که من می‌بینم          یکبار دگر پرده عوض خواهد شد

شماره ۱۷۳

ای دوست برای دوست جان باید داد / در راه محبت امتحان باید داد
تنها نبوَد شرط محبت گفتن / یک مرتبه هم عمل نشان باید داد

شماره ۱۷۴

قمری سخن از سرو چمن می‌گوید / بلبل غم دل به گل چو من می‌گوید
این هر دو زبانشان یکی نیست بلی / هرکس به زبان خود سخن می‌گوید

شماره ۱۷۵

با عزم متین شتاب می‌باید کرد / همراهی شیخ و شاب می‌باید کرد
با دقت هرچه بیشتر در این بار / مرد عمل انتخاب می‌باید کرد

شماره ۱۷۶

یا سد ره فقر و غنا باید کرد / یا چارهٔ درد فقرا باید کرد
صد کار برای خاطر خود کردیم / یک کار هم ازبهرِ خدا باید کرد

### شماره ۱۷۷

اسرار سراچهٔ کهن تازه نبود  غوغای حیات غیر آوازه نبود
این جامهٔ زندگی که خیاط ازل  از بهرِ من و تو دوخت، اندازه نبود

### شماره ۱۷۸

هرچند افق زمانه روشن نبود  تکلیف جهانیان معیّن نبود
در قرن طلایی نکند آدم روی  در مملکتی که راه آهن نبود

### شماره ۱۷۹

دیشب که به پای دل مرا سلسله بود  از دست سر زلف تو ما را گله بود
چون موی تو عاقبت پریشانم کرد  مویی که میان من و دل فاصله بود

### شماره ۱۸۰

در کعبه برهمنی نمی‌باید کرد  بی‌زور تهمتنی نمی‌باید کرد
تا کار به دوستی میسّر گردد  اقدام به دشمنی نمی‌باید کرد

شماره ۱۸۱

رسم و رهٔ مستوفی اگر خوب نبود — نزد همه‌کس این همه محبوب نبود
هـنـگـام زمـامـداریِ او بـایـد — از داخله و خارجه مرعوب نبود

شماره ۱۸۲

روزی که دل غمزده را شادی بود — دل‌شـادی‌ام از پرتو آزادی بود
زان پیش که برزگر شود خانه‌خراب — از گنج در ایـن خرابه آبـادی بود

شماره ۱۸۳

ایـن خانه دگـر چونی نوایی دارد — وز راز درون به سر هوایی دارد
یکسان نبود وضع سیاست دائم — هـر روز سیاست اقتضایی دارد

شماره ۱۸۴

هر خانه که شادی‌اش به‌جز غم نبوَد — ویـرانـی آن خـرابـه پـر کـم نبود
نقش در و دیـوار نـدارد حاصل — ازبـهـرِ عمارتی که محکم نبود

شماره ۱۸۵

در راستی آن که بی‌کم و کاست بوَد    سرسبز و سرافراز به هر جاست بود
دانی ز چه سرو، سرفراز است به باغ    از آن که بلندهمت و راست بود

شماره ۱۸۶

هر گل که ز یکرنگی خود بو دارد    در باغ هزار تهنیت‌گو دارد
روزی به چمن اگر درآیم چو هَزار    من بو نکنم گلی که صد رو دارد

شماره ۱۸۷

وستال پی دفاع دل یکدله کرد    پس پیش وزیر و شه ز طوفان گله کرد
دیروز فغان ما گر از خارجه بود    امروز رواست شکوه از داخله کرد

شماره ۱۸۸

ابنای بشر جمله ز یک عائله‌اند    وز حرص دُوَل مدام در غائله‌اند
از آز دول، الحذر ای اهل جهان    کآن‌ها همه رهزنان این قافله‌اند

## شماره ۱۸۹

آنان که پریر قلب ما را خستند     دیروز قرار با اجانب بستند

دوشینه یگانه عضو دولت بودند     امروز نمایندهٔ ملت هستند

## شماره ۱۹۰

ثروت سبب وحی سماوی نشود     با فقر و غنا قطع دعاوی نشود

هرگز نشود بین بشر ختم نزاع     تا قیمت اوقات مساوی نشود

## شماره ۱۹۱

گر درد عموم را دوا باید کرد     با کوشش مستشار ما باید کرد

اما ز ره پند نصیحت گاهی     او را به وظیفه آشنا باید کرد

## شماره ۱۹۲

شادم که پری‌رخان غمینم کردند     یغمای دل و غارت دینم کردند

چون خالِ سیاهِ گوشهٔ ابروی خویش     ناکرده نگه گوشه‌نشینم کردند

### شماره ۱۹۳

ای دستهٔ پابند هوا رحم کنید       بر مردم بی‌برگ و نوا رحم کنید
مستأجر اگر بندل مزدور شماست       بر حالت او بهرِ خدا رحم کنید

### شماره ۱۹۴

بر بام فلک بیرق کین برق زند       آشوب صلا بر ملل شرق زند
در لُجّهٔ خون، فرشتهٔ صلح و صفا       افتاده و داد از خطر غرق زند

### شماره ۱۹۵

چشم تو خدنگ سینه‌دوزی دارد       خشم تو پلنگ کینه‌توزی دارد
هرچند بوَد دل تو چون آهن سخت       پرهیز از آن ناله که سوزی دارد

### شماره ۱۹۶

ای کاش که جز رنگ صفا رنگ نبود       مسکین ز غنی این همه دل‌تنگ نبود
در بین بشر صلح و صفا داشت دوام       سرمایه اگر مسبّب جنگ نبود

### شماره ۱۹۷

هرکس که به دل چو لاله داغی دارد  کی میل گل و گردش باغی دارد
ما گوشه‌نشین ز بی‌دماغی شده‌ایم  خوش آن که به فصل گل دماغی دارد

### شماره ۱۹۸

هر رأی که با دادن سیم آوردند  آه دل مسکین و یتیم آوردند
صندوق لواسان چو بسی بود علیل  نظّار برای او حکیم آوردند

### شماره ۱۹۹

هرجا سخن از سیم و زر ناب رَوَد  کی لُرد طلاپرست در خواب رود
ای کاش که این جزیرهٔ آتش‌خیز  خاکش ز نزول باد در آب رود

### شماره ۲۰۰

جان چندگهی گوشه‌نشین خواهد بود  دل مشعل آه آتشین خواهد بود
گر طول کشد دورهٔ فترت چندی  حال تو و من بدتر از این خواهد بود

## شماره ۲۰۱

در مسلک مالک ملکی سالک شد / از عشق به ملک آن ملک هالک شد
آورد فشار چون به مستأجر خویش / نامش به زبان دوزخی مالک شد

## شماره ۲۰۲

دل زمزمه‌های انقلابی دارد / در عین جنون حرف حسابی دارد
گوید که ز چیست مستشار بلدی / این‌طور سر خانه‌خرابی دارد

## شماره ۲۰۳

گر ما و تو را دفع اعادی باید / وز دشمن خود قطع ایادی باید
با خصم قوی به حالت صلح و صفا / آمادهٔ جنگ اقتصادی باید

## شماره ۲۰۴

آن را که نفوذ و اقتدارات بود / در دست تمام اختیارات بود
از چیست ندانست که بدبختی ما / یکسر ز خرابی ادارات بود

شماره ۲۰۵

چون‌عیش‌و غم‌زمانه‌قسمت‌کردند ما را غم بی‌کرانه قسمت کردند
شیخ‌و‌شه‌و‌شحنه‌عیش‌و‌نوش‌همه‌را بردند و برادرانه قسمت کردند

شماره ۲۰۶

سرمایهٔ اغنیا اگر کار کند با زحمت دست کارگر کار کند
جانم به فدای دست خون‌آلودی کز بهرِ سعادت بشر کار کند

شماره ۲۰۷

گویند که کابینه چو تشکیل شود بیداد به عدل و داد تبدیل شود
ما نیز همه به سهم خود منتظریم کاین وضع جگرخراش تعدیل شود

شماره ۲۰۸

آنان که پریر با عدو یار شدند دیروز به اغیار مددکار شدند
آماده چو کردند سیه‌روزی ما امروز به روز ما گرفتار شدند

### شماره ۲۰۹

ای کاش مرا ناطقه گویا می‌شد --- یک لحظه دهان بسته‌ام وا می‌شد
تا این دل سودازدهٔ پرده‌نشین --- بی‌پرده میان خلق رسوا می‌شد

### شماره ۲۱۰

تجّار ز فقر ناشکیبا گشتند --- بی‌چیز و گدا ز پیر و برنا گشتند
دیگر چه ثمر ز دستگیری وقتی --- کز فقر عمومی همه بی‌پا گشتند

### شماره ۲۱۱

فکر نویی از برای ما باید کرد --- وین شیوهٔ کهنه را رها باید کرد
با زور مجازات و فشار قانون --- ما را به وظیفه آشنا باید کرد

### شماره ۲۱۲

ملت چو شراب بی‌خودی نوش کند --- یا پند معاندین خود گوش کند
هر عیب و هنر دید نمی‌آرد یاد --- هر خوب و بدی دید فراموش کند

شماره ۲۱۳

دشمن پی دشمنی کمر می‌بندد / بیگانه رهٔ نفع و ضرر می‌بندد
گر دعوی دوستی کند دولت روس / کی‌دوست‌به‌روی‌دوست‌در می‌بندد

شماره ۲۱۴

گر رشتهٔ سعی و کار پیوند شود / افکار عموم شاد و خرسند شود
با بودجهٔ کافی و جدیّت ما / باید بلدیه آبرومند شود

شماره ۲۱۵

ای کاش به شهر شحنه را زور نبود / ملت ز فشار ظلم مقهور نبود
یک شمّه ز قانون‌شکنی می‌گفتم / گر نامهٔ ما اسیر سانسور نبود

شماره ۲۱۶

دیروز توانگری زر اندوخته بود / دوشینه به دهر آتش افروخته بود
امروز به چشم عبرتش چون دیدم / چون‌شمع‌زسرتابه‌قدم‌سوخته‌بود

### شماره ۲۱۷

آن روز که در ارض و سما هیچ نبود     جز طاعت حق مرام ما هیچ نبود

ما راهرو طریق عرفان بودیم     آن روز که نام رهنما هیچ نبود

### شماره ۲۱۸

آزادی اگر تیول یک دسته نبود     ملت ز دو سر چو مرغ پابسته نبود

از ماهی برجسته نمی‌رفت سخن     در مجلس اگر ناطق برجسته نبود

### شماره ۲۱۹

فکری که سقیم گشت سالم نشود     محکوم به حکم غیر حاکم نشود

گر داد کنی وگر نمایی فریاد     آن خائن خودپرست خادم نشود

### شماره ۲۲۰

آن سلسله‌ای که از امیران هستند     معمار در این سرای ویران هستند

از چیست که با ثروت هنگفت مدام     اندر صدد غارت ایران هستند

### شماره ۲۲۱

آنان که ز خون دو دست رنگین کردند — آزادی حق خویش تأمین کردند

دارند در انظار ملل حق حیات — آن قوم که انقلاب خونین کردند

### شماره ۲۲۲

طوفان که ز توقیف برون می‌آید — جان در تن ارباب جنون می‌آید

زین سرخ‌کلیشه کن حذر ای خائن — اینجاست که فاش بوی خون می‌آید

### شماره ۲۲۳

آن میر که جا در اطلس و قاقُم کرد — در جامعه خوش‌نامی خود را گم کرد

دانی که بوَد به چشم مردم محبوب — هرکس که نگاهداری از مردم کرد

### شماره ۲۲۴

از چیست که باد فتنه انگیخته‌اید — وین رشتهٔ اتحاد بگسیخته‌اید

ای دستهٔ کهنه‌کار افسونگر رند — گویا که دگر طرح نوی ریخته‌اید

### شماره ۲۲۵

هرگز دل من شکایت از غم نکند 	 شادی ز مسرّت دمادم نکند
دانی که بود مرد هنرپیشه راست 	 آن کس که ز بار غم کمر خم نکند

### شماره ۲۲۶

گر بر دل ما گرد ملالت باشد 	 آن گرد ملال از جهالت باشد
قانون مهاجرت بود لازم لیک 	 لازمتر از آن بسط عدالت باشد

### شماره ۲۲۷

این چرخ برین که سرفرازی دارد 	 بر جنس بشر دست‌درازی دارد
با پردۀ دلفریب پر نقش و نگار 	 یک لحظه دوصدهزار بازی دارد

### شماره ۲۲۸

در کشور دیگران که بیداری بود 	 از علم چو سیل معرفت جاری بود
تعلیم عمومی و نظام اجباری 	 این هر دو اصول مملکت‌داری بود

### شماره ۲۲۹

دانی که دل غمزده چون خواهد شد / پا تا به سر از دست تو خون خواهد شد

وآن خون شده قطره قطره در شام فراق / از روزنهٔ دیده برون خواهد شد

### شماره ۲۳۰

ای کاش که راز دل مُبَرهن می‌شد / مقصود و مرام ما معین می‌شد

هرگونه سیاستی که دارد دولت / تا حد لزوم صاف و روشن می‌شد

### شماره ۲۳۱

عدلیه که داد باید از داد کند / از چیست که جای داد بیداد کند؟

ای داد که از عدلیهٔ منصوری / بر هر که نظر بیفکنی داد کند

### شماره ۲۳۲

گر عامل جور حاکم ما نشود / در عدلیه ظلم حکمفرما نشود

حکمی که بود بر له یک مشت ضعیف / تا دست قوی، قوی‌ست اجرا نشود

### شماره ۲۳۳

خوش باش که ارباب یقین شک نکنند — از لوح ضمیر نام حق حک نکنند

اثبات گناهان خطاکاران را — در محکمه بی‌منطق و مدرک نکنند

### شماره ۲۳۴

اول به خطاپیشه مماشات کنید — قانع چو نشد خطایش اثبات کنید

اثبات چو شد خطا به حکم قانون — بر کیفر آن خطا مجازات کنید

### شماره ۲۳۵

با این ره و رسم بد چه می‌باید کرد؟ — بگذشته بدی ز حد چه می‌باید کرد؟

برگشته محیط ما ز دیو و دد و دام — با این همه دیو و دد چه می‌باید کرد؟

### شماره ۲۳۶

هرکس می بی‌حقیقتی نوش کند — هر قول که می‌دهد فراموش کند

یک رشته حقیقت آشکارا گفتم — گر دولت ما به حرف حق گوش کند

شماره ۲۳۷

آن کیست که پردهٔ خطا چاک کند    آسوده و شاد جان غمناک کند
با حربهٔ برّندهٔ قانون امروز    از عدلیه قطع دست ناپاک کند

شماره ۲۳۸

آن اهل خطا که با خطاکار نمود    با کار خطا شبهه در افکار نمود
بر رغم مدافعین بیگانه‌پرست    آخر به خطای خویش اقرار نمود

شماره ۲۳۹

آنان که ز بس خزانه تاراج کنند    ما را به عدو ز فقر محتاج کنند
دیگر ز چه شغل دولتی را دائم    با چوب هوای نفس حرّاج کنند

شماره ۲۴۰

یکدم دل ما غمزدگان شاد نشد    ویرانهٔ ما از ستم آباد نشد
دادند بسی به راه آزادی جان    اما چه نتیجه، ملت آزاد نشد

شماره ۲۴۱

افسوس که دشمنان دلم خون کردند | یاران کهن محنتم افزون کردند
ما را رفقا به جرم دیوانه‌گری | از دایره عاقلانه بیرون کردند

شماره ۲۴۲

روزی به نبرد صف شکستن باید | بر خصم ره فرار بستن باید
روز دگری به قصد یک حملهٔ سخت | از موقع خود عقب نشستن باید

شماره ۲۴۳

خیزید و چو شیر شرزه اقدام کنید | خفتان پلنگ زیب اندام کنید
هرجا نگرید گرگ خون‌خواری را | با حربهٔ انتقام اعدام کنید

شماره ۲۴۴

ای سست‌عقیده، سخت شادی دیگر | خرسند ز رأی اعتمادی دیگر
خواهی چو برادرت مهیّا سازی | ازبهرِ وطن قراردادی دیگر

### شماره ۲۴۵

ازبهرِ مجازات و مکافات وزیر    قانع نشوم به نفی و اثبات وزیر

این است که از پارلمان باید خواست    بگذشتن قانون مجازات وزیر

### شماره ۲۴۶

ای غافل نشناخته زنگی از حور    وز جهل نداده فرق ظلمت از نور

عالم همه پر صدا ولی گوش تو کر    دنیا همه با ضیا ولی چشم تو کور

### شماره ۲۴۷

اسرار نهفته گر نگفتی بهتر    وین راز نگفته گر نهفتی بهتر

کز بهر زمامدار امروزی نیست    سرمایه‌ای از پوست‌کلفتی بهتر

### شماره ۲۴۸

این خانهٔ ویرانه که تا نفخهٔ صور    چون جغد کند در آن نشیمن منصور

عدلیه بود به اسم و ظلمیه به رسم    برعکس نهند نام زنگی کافور

شماره ۲۴۹

ای مرد جوان، تجربه از پیر بگیر	در دست یلی قبضه شمشیر بگیر
حق تو اگر در دهن شیر بود	با جرأت شیر از دهن شیر بگیر

شماره ۲۵۰

طوفان بشنو چو نی، نوای تبریز	وز دیده ببار خون برای تبریز
با جبهۀ نای و قامت چنگ چو نی	کن ناله برای نینوای تبریز

شماره ۲۵۱

صندوق دهن بسته درش چون شد باز	افکند میان این و آن غلغله باز
آراست فقط طایر اقبال و همه	گویند به فرق ما نشیند این باز

شماره ۲۵۲

ای دل تو همیشه راه حق پوی و مترس	با مسلک حق، رضای حق جوی و مترس
کن پیشۀ خویش پاکی و چون طوفان	با داخله و خارجه حق گوی و مترس

شماره ۲۵۳

دهقان پسر کارگری کهنه لباس	آمد پی دعوتم ز شب رفته دو پاس
با پای برهنه، راضی از دست و چکش	با فرق شکسته، شاکر از بازو و داس

شماره ۲۵۴

شهزادهٔ آزاد چو شد حارس فارس	خون‌ریزی و اغتشاش شد جالس فارس
بس تاخت به فارس از رهٔ جور فرس	ای وای به فارسی از این حارس فارس

شماره ۲۵۵

در مملکت انقلاب می‌باید و بس	وز خون عدو خضاب می‌باید و بس
خواهی تو اگر شوی موفق فردا	امروز دگر شتاب می‌باید و بس

شماره ۲۵۶

گل نیست دلم که رنگ و بو خواهد و بس	در باغ چو من نام نکو خواهد و بس
با خاک‌نشینی نکند ناله و آه	از دولت اشک آبرو خواهد و بس

### شماره ۲۵۷

با کجروی خلق جُعَلَّق خوش باش / با کشمکش گنبد اَزرَق خوش باش
دی با سیه و سفید اگر خوش بودی / امروز به کابینهٔ اَبلَق خوش باش

### شماره ۲۵۸

امروز که گشته هر غمینی دل‌خوش / وز مقدم نوروز جهان مینووَش
تبریک صمیمانهٔ خود را طوفان / تقدیم کند به تودهٔ زحمتکش

### شماره ۲۵۹

تنها نه منم غمین برای دل خویش / کس نیست که نیست مبتلای دل خویش
آن را که تو شادکام می‌پنداری / او داند و درد بی‌دوای دل خویش

### شماره ۲۶۰

ای خامهٔ راست‌رو حقیقت‌جو باش / با خوردن خون دل حقیقت‌گو باش
گر سر ببرندت ز حقیقت‌گویی / با دشمن و دوست یکدل و یکرو باش

شماره ۲۶۱

در بیشهٔ دهر، شیر با دندان باش		همپیشهٔ پنجهٔ هنرمندان باش
گر شام کند خارِ چمن خون به دلت		چون غنچهٔ صبحدم دمی خندان باش

شماره ۲۶۲

ای دوست به فکر جنگجویی کم باش		در صلح عمومی علم عالم باش
با هر که زنی لاف محبت یک روز		مردانه و ثابت‌قدم و محکم باش

شماره ۲۶۳

از درد و غم زمانه افسرده مباش		وز کجروی سپهر آزرده مباش
ور گردش آسمان زمینت بزند		چون مردم سرگشته کله‌خورده مباش

شماره ۲۶۴

در پای گلی شبی نهاده سر خویش		دادم به چمن آب ز چشم تر خویش
آن‌گاه چو مرغ در قفس، با اندوه		کردم سر خویش را به زیر پر خویش

شماره ۲۶۵

چون عامل ماضی است منصورالملک
در داخله قاضی است منصورالملک
ملت ز هر آن شقی که ناراضی بود
دیدیم که راضی است منصورالملک

شماره ۲۶۶

ای آن که ز جود تست دریا در رشک
افلاک همی‌گرید و می‌ریزد اشک
اولاد بنی‌آدم و با این همه جود
شرمندهٔ احسان توام یعنی کشک

شماره ۲۶۷

از یک طرفی مجلس ما شیک و قشنگ
از یک طرفی عرصه به ملّیون تنگ
قانون و حکومت نظامی و فشار
این است حکومت شتر گاو پلنگ

شماره ۲۶۸

آن رند دغل‌باز که با مکر و حیل
با لفظ قرارداد، می‌کرد جدل
دیدی که چه‌سان عاقبت اندر مجلس
بگرفت قرارداد، ناطق به بغل

## شماره ۲۶۹

کابینه اگر بود ز بحران تعطیل  دیروز به مجلس آمد و شد تشکیل
امـا بـه رئیـس‌الـوزرا یـک دو نفر  آخـر ز فشـار وکـلا شـد تحمیل

## شماره ۲۷۰

دانی که بود سپیدرو نیک‌عمل پیش رفقا؟

یا کیست سیه‌نام در انظار ملل از حب طلا؟

آن کارگری که می‌خورد نان جوین با زحمت دست

وان محتشمی که می‌خورد شیر و عسل بی‌محنت پا

## شماره ۲۷۱

ما خاک به سر ز بی‌حسابی شده‌ایم  ما دربه‌در از خانه‌خرابی شده‌ایم
ای صاحب مال و مالک کاخ جلال  با ما منشین که انقلابی شده‌ایم

شماره ۲۷۲

از روز ازل عاشقی آموخت دلم — از عشق چو شمع شعله افروخت دلم
تا خاک مرا دهد به باد آتش عشق — از دیده نریخت آب تا سوخت دلم

شماره ۲۷۳

من حسرت آب زندگانی نخورم — وز خوان جهان جز کف نانی نخورم
چون زندگی‌ام غم جهان خوردن بود — مُردم که دگر غم جهانی نخورم

شماره ۲۷۴

ما زادهٔ کی‌قباد و کی‌کاووسیم — جان‌باختگان وطن سیروسیم
در تحت لوای شیر و خورشید ای لرد — آزاد ز بند انگلیس و روسیم

شماره ۲۷۵

ما قاعدهٔ متانت از کف ندهیم — ما گوش به گفتار مزخرف ندهیم
با پند صحیح رفقا گاه مثال — ما پاسخ هر ناقص و اجوف ندهیم

شماره ۲۷۶

عمری‌ست که بر عاطفه مفتون شده‌ایم / از عالم کبر و کینه بیرون شده‌ایم
زانو زده در برابر کرسی عدل / تسلیم مقررات قانون شده‌ایم

شماره ۲۷۷

بدبختی ایران ز دو تن یافت دوام / این نکته مسلم خواص است و عوام
آن دولت انگلیس را بود وثوق / این سلطنت هنود را هست قوام

شماره ۲۷۸

روزی است که اقدام غیورانه کنیم / از پیر و جوان جنبش مردانه کنیم
وآن کاخ که آشیانهٔ فتنه بود / با آلت انتقام ویرانه کنیم

شماره ۲۷۹

از بس که چو سرو چمن آزاده منم / چون سایهٔ سرو خاک افتاده منم
گر عیب نبود راستی پس از چیست / بی‌چیز و تهی‌دست و گدازاده منم

### شماره ۲۸۰

عمری به هوس گرد جهان گردیدم / از دشمن و دوست خوب و بد بشنیدم
سرمایهٔ زندگی همین بود که من / با دیده بسی ندیدنی‌ها دیدم

### شماره ۲۸۱

یک عمر به بند آز پا بسته شدیم / بر اهل هوس قائد و سردسته شدیم
اینک پی مرگ ناگهانیم دوان / از بس که ز دست زندگی خسته شدیم

### شماره ۲۸۲

تا چند ز آه سینه دلچاک شوم / تا کی ز سرشک دیده غمناک شوم
این آتش و آه و آب چشمم باقی‌ست / تا از اثر باد اجل خاک شوم

### شماره ۲۸۳

یک عمر چو باد دور دنیا گشتم / چون موج هزار زیر و بالا گشتم
با آن که ز قطره‌ای نبودم افزون / خون خوردم و متصل به دریا گشتم

### شماره ۲۸۴

آن خُم که بود مدام در جوش، منم
آن مرغ که شد به شام خاموش، منم
در حلقهٔ رندان خراباتی خویش
آن پاک‌نشینِ خانه بر دوش، منم

### شماره ۲۸۵

آن روز که حرف عشق بشنُفت دلم
شب تا به سحر میان خون خفت دلم
از بس که خزان نامرادی دیدم
صد بار بهار آمد و نشکفت دلم

### شماره ۲۸۶

با دشمن و دوست گر شدی نرم چو موم
چون نقش نگین شوی مکن شرم چو موم
با خصم همواره باش سرسخت چو سنگ
با دوست همیشه باش دل نرم چو موم

### شماره ۲۸۷

ما یک سر مو به کس دورویی نکنیم
با راست‌روان دروغ‌گویی نکنیم
چون پیشه کنیم خرده‌گیری، اما
با لحن درشت عیب‌جویی نکنیم

شماره ۲۸۸

آن روز که ره به شادی و غم بستم — در بر رخ نامحرم و محرم بستم
فریاد اثر نداشت گشتم خاموش — فـریـادرسـی نـیـافـتم دم بستم

شماره ۲۸۹

تـا درس محبت تـو آمـوختـه‌ایـم — در خرمن عمر آتـش افروخته‌ایم
بی‌جلوهٔ شمع رویـت از آتـش غم — عمری‌ست که پروانه‌صفت سوخته‌ایم

شماره ۲۹۰

عمری به دهان راستگو مشت زدیم — وز راه کژی به شیر انگشت زدیم
رفت آبـروی کشور جمشید به باد — بس آتش کین به خاک زرتشت زدیم

شماره ۲۹۱

از رنـگ افـق مـن آتـشـی می‌بینم — در خلق جهان کشمکشی می‌بینم
امـا پس از این کشمکش امـروزی — ازبـهرِ بشر روز خوشی می‌بینم

شماره ۲۹۲

یک عمر چو جغد نوحه‌خوانی کردیم  نفرین به اساس زندگانی کردیم
جان کندن تدریجی خود را آخر  تبدیل به مرگ ناگهانی کردیم

شماره ۲۹۳

روزی که به تاج طعنهٔ سخت زدیم  با دست تهی پا به سر تخت زدیم
بگریخت ز دست من و دل طالع و بخت  پس داد ز دست طالع و بخت زدیم

شماره ۲۹۴

ما تکیه به قائدین ناشی نکنیم  وز مسلک خویشتن تحاشی نکنیم
چون بت‌شکنی مرام دیرینهٔ ماست  این است که تازه بت‌تراشی نکنیم

شماره ۲۹۵

گر طالع خفته را سحرخیز کنیم  از آب رزان آتش دل تیز کنیم
یک چله نشسته گوشهٔ میکده‌ای  وز هرچه به غیر باده پرهیز کنیم

۲۶۶

### شماره ۲۹۶

آن روز که چون سرو سر از خاک زدیم / با دست تهی پای بر افلاک زدیم

دیدیم چو دلتنگی مرغان چمن / چون غنچه گل جامهٔ جان چاک زدیم

### شماره ۲۹۷

آن سبزه که تَرک این چمن گفت، منم / آن لاله که از اشک به خون خفت، منم

وآن غنچهٔ لببسته که از تنگدلی / صد بار بهار آمد و نشکفت، منم

### شماره ۲۹۸

یکچند به مرگ سختجانی کردیم / رخساره به سیلی ارغوانی کردیم

عمری گذراندیم به مردن مردن / مردم به گمان که زندگانی کردیم

### شماره ۲۹۹

آن روز که چون سبزه سر از خاک زدیم / چون لاله ز داغ آه غمناک زدیم

گشتیم چو غنچه بس که از غم دلتنگ / چون گل به چمن جامهٔ جان چاک زدیم

### شماره ۳۰۰

هنگام جوانی به خدا پیر شدم     از گردش آسمان زمین‌گیر شدم

ای عمر برو که خسته کردی ما را     وی مرگ بیا ز زندگی سیر شدم

### شماره ۳۰۱

برخیز که تا بادهٔ گلرنگ زنیم     بنشین که به شور چنگ بر چنگ زنیم

چون دل‌شکنی کار ریاکاران است     بر شیشهٔ سالوس و ریا سنگ زنیم

### شماره ۳۰۲

تا چند کسل از غم بیهوده شویم     تا کی به هوای نفس آلوده شویم

در زندگی آسوده نگشتیم چو ما     مُردیم که از دست غم آسوده شویم

### شماره ۳۰۳

با دیدهٔ سرخ و چهرهٔ زرد خوشم     با سینهٔ گرم و نالهٔ سرد خوشم

یاران همه شادی از دوا می‌طلبند     تنها منم آن که با غم و درد خوشم

### شماره ۳۰۴

دارم سر آن که عیش پاینده کنم     جبران گذشته را در آینده کنم

بگذارد اگر باد حوادث چون گل     یک صبح به کام دل خود خنده کنم

### شماره ۳۰۵

با فکر قوی گرسنه چون شیر، منم     وز چار طرف بستهٔ زنجیر منم

جز خون نخورم ز دست هر دشمن و دوست     در معرکه چون برهنه شمشیر منم

### شماره ۳۰۶

با علم و عمل اگر مهیا نشویم     هم‌دوش به مردمان دنیا نشویم

نادانی و بندگی‌ست توأم به خدای     ما بنده شویم اگر که دانا نشویم

### شماره ۳۰۷

بس جان ز فشار غم به دوران کندیم     پیراهن صبر از تن عریان کندیم

القصّه در این جهان به مردن مردن     یک عمر به نام زندگی جان کندیم

### شماره ۳۰۸

از دست تو ما ساغر صهبا زده‌ایم / بر فرق فلک ز بی‌خودی پا زده‌ایم
دنیا چو نبود جای شادی زین رو / غم نیست که پشت پا به دنیا زده‌ایم

### شماره ۳۰۹

آن روز که ما و دل ز مادر زادیم / دائم ز فشار درد و غم ناشادیم
در لُجّهٔ این جهان پر حلقه و دام / آزاد ولی چو ماهی آزادیم

### شماره ۳۱۰

تا بر سر حرص و آز خود پا زده‌ایم / لبخند به دستگاه دنیا زده‌ایم
با کشتی طوفانی بشکستهٔ خویش / شادیم از آن که دل به دریا زده‌ایم

### شماره ۳۱۱

روزی که به کار زندگی دست زدیم / در عالم نیستی دم از هست زدیم
او رنگ فلک نبود چون درخور ما / پا بر سر این نشیمن پست زدیم

### شماره ۳۱۲

ما بیرق صلح کل برافرشته‌ایم     ما تخم تساوی به جهان کاشته‌ایم
القصّه سعادت بشر را یکبار     در سایهٔ این دو اصل پنداشته‌ایم

### شماره ۳۱۳

آن روز که پابند جنون گردیدیم     از دایرهٔ عقل برون گردیدیم
صید از دهن شیر گرفتیم اما     در پنجهٔ عشق تو زبون گردیدیم

### شماره ۳۱۴

در آتیه گر فکر نماینده کنیم     ایجاد و بنا دولت پاینده کنیم
بگذشته گذشت و حال نبوَد فرصت     خوب است که اندیشهٔ آینده کنیم

### شماره ۳۱۵

یکچند گرفتار خطر گردیدم     با گفتن حق گرد ضرر گردیدم
گوش شنوا نداشت کس، گشتم گُنگ     فریاد ز بس که بود، کر گردیدم

### شماره ۳۱۶

من حسرت آب زندگانی نخورم          در خوان جهان جز کف نانی نخورم
چون زندگی‌ام غم جهان خوردن بود     مُردم که دگر غم جهانی نخورم

### شماره ۳۱۷

امروز به هر طریق ما راه رویم        آهسته و بی‌سروصدا راه رویم
تا باز به پای خود نیفتیم به چاه      از روی خرد دست و عصا راه رویم

### شماره ۳۱۸

روزی که ز دل بانگ خبردار زنیم       صد طعنه به سالار و به سردار زنیم
هرکس که بوَد ناقض قانون، او را      «منصور» بود گر همه، بر دار زنیم»

### شماره ۳۱۹

ما دایرهٔ کثرت و قلّت هستیم          ما آینهٔ عزت و ذلت هستیم
تو در طلب حکومت مقتدری            ما طالب اقتدار ملت هستیم

شماره ۳۲۰

ما طعنه‌زن مقام مردی نشویم / چون باد اسیر هرزه‌گردی نشویم
اما نبوَد گناه در پیش عموم / گر معتقد قدرت فردی نشویم

شماره ۳۲۱

با دولت نو رسم کهن می‌گویم / عیب دگران و خویشتن می‌گویم
نادیده ز خوب و بد نرانیم سخن / از دیده همیشه من سخن می‌گویم

شماره ۳۲۲

از بس که به پیش این و آن مبتذلیم / چون شمع ز آتش درون مشتعلیم
آنها همه بی‌قرار حرف املند / ما جمله در انتظار کار و عملیم

شماره ۳۲۳

چندی ز هوس باده‌پرستی کردم / می خوردم و از غرور مستی کردم
چون پای امیدواری‌ام خورد به سنگ / دیدم که عبث درازدستی کردم

## شماره ۳۲۴

باید ز کژی به راستی میل کنیم      اصلاح کژی ز صدر تا ذیل کنیم

بدبختی اگر بود قوی‌تر از سیل      با زور عموم، دفع آن سیل کنیم

## شماره ۳۲۵

در موسم گل طرف چمن می‌خواهم      با خویش گلی غنچه‌دهن می‌خواهم

دیروز دلم شکست و کردم توبه      و امروز دل توبه‌شکن می‌خواهم

## شماره ۳۲۶

دیو مهیب خودسری، چون ز غضب گرفتدم      امنیت از محیط ما، رخت ببست و گشت گم

حربهٔ وحشت و ترور، کشت چو میرزاده را      «سال شهادتش بخوان «عشقی قرن بیستم»

## شماره ۳۲۷

با آن که بوَد موجد نعمت دهقان      با اجرت کم

با آن که بوَد موجب رحمت دهقان      سر تا به قدم

با رحمت خود اسیر زحمت زارع      از مالک جور

با نعمت خود دچار نقمت دهقان      ز ارباب ستم

### شماره ۳۲۸

از آز بپرهیز و امیری می‌کن          با گرسنگی سخن ز سیری می‌کن

در جامعه گر تو سرفرازی خواهی          از پای فتاده دستگیری می‌کن

### شماره ۳۲۹

طوفان، می نسیان از این نوش مکن          فحش عرب و حرف عجم گوش مکن

خواهی چو صلاح حال مستقبل را          ایام گذشته را فراموش مکن

### شماره ۳۳۰

ای ملت آرین وفاداری کن          در خدمت نوع خود فداکاری کن

اکنون که به بحر ناز و نعمت غرقی          قحطی‌زدگان روس را یاری کن

### شماره ۳۳۱

در مرز عجم ذلت ایرانی بین          در مُلک عرب محو مسلمانی بین

دائم سر سروران اسلامی را          پامال تجاوز بریتانی بین

### شماره ۳۳۲

آثار محن از در و دیـوار ببین          فریاد ز کـاردار و بیکـار ببین

هر دسته‌ای از مردم این کشور را          سرگشتهٔ اضطراب افکار ببین

### شماره ۳۳۳

تا چند توان به ناتوانان دیـدن          جور و ستم جهان‌ستانان دیدن

تا کی به هـوای زندگی در پیری          با دیده توان مرگ جوانان دیدن

### شماره ۳۳۴

با نخل خوشی همیشه پیوند بزن          می با دل شاد و جان خرسند بزن

گر بر تو زمانه یک‌دمی سخت گرفت          دندان به جگر گذار و لبخند بزن

### شماره ۳۳۵

ای دیده دو چشم فتنه را خیره ببین          بر مملکت انقلاب را چیره ببین

در آتیـه رنـگ افـق ایــران را          چو روی خطاکنندگان تیره ببین

### شماره ۳۳۶

گر تکیه کنی بر دم شمشیر مکن      بی‌دغدغه بازی به دم شیر مکن
خواهی که شود طالع بیدارت یار      خوابی که ندیده‌ای تو تعبیر مکن

### شماره ۳۳۷

ای توده عمل با هِمَم عالیه کن      بگذشته گذشت، صحبت از حالیه کن
گر علت ورشکستگی می‌خواهی      چشمی به قرار بانک با مالیه کن

### شماره ۳۳۸

هرگز دل کس را به عبث تنگ مکن      تا صلح شود به جنگ آهنگ مکن
هرچند که نیست زندگی غیر از جنگ      با مرگ بساز و با کسی جنگ مکن

### شماره ۳۳۹

ای دل‌شکن آتش به دل تنگ مزن      بر شیشهٔ ارباب وفا سنگ مزن
ای دوست به پشتگرمی دشمن خویش      بیهوده به روی دوستان چنگ مزن

### شماره ۳۴۰

ای دوست کلاه خویش را قاضی کن / در آتیه کار بهتر از ماضی کن

فرصت مده از دست و به هر قیمت هست / افکار عموم را ز خود راضی کن

### شماره ۳۴۱

ای دوست به دیوار کسی مشت مزن / دشمن چو شوی، به شیر انگشت مزن

تا دست دهد حرف حساب خود را / با مردم روزگار بی‌پشت مزن

### شماره ۳۴۲

یاری که کج و دوروست، شمشیرش کن / گر راست نشد نشانهٔ تیرش کن

ور دشمن یکرنگ تو چون شیر بوَد / با رشتهٔ دوستی به زنجیرش کن

### شماره ۳۴۳

ای دیده دو چشم فتنه را خیره ببین / بر صلح و صفا ستیزه را چیره ببین

رنگ افق سیاست ایران را / از ابر سیاه قیرگون تیره ببین

شماره ۳۴۴

یک عمر در این محیط گردیدم من — وین بوالهوسان را همه سنجیدم من
فهمیدنم این بود که از این مردم — در هیچ زمان هیچ نفهمیدم من

شماره ۳۴۵

از بادهٔ کِبر مست و مخمور مشو — وز راه سلامت و خرد دور مشو
روزی دو، جهان اگر به کام تو شود — از شادی این دو روزه مغرور مشو

شماره ۳۴۶

اشراف عزیز نکته‌سنج من و تو — چون مار نشسته روی گنج من و تو
تا بی‌حس و جاهلیم یک سر تو و من — پامال کنند دسترنج من و تو

شماره ۳۴۷

افسوس که از رأی خراب من و تو — یک‌مرتبه شد پاک حساب من و تو
آرای لواسان چو به خوبی خوانند — حاکی است ز سوء انتخاب من و تو

### شماره ۳۴۸

ای دوست برای دست و پا مشت تو کو             دشمن به تو گر روی کند پشت تو کو
تا عقده‌گشای دل مـردم گردی             چون شانهٔ مشّاطه، سر انگشت تو کو

### شماره ۳۴۹

با آن که ز فقر پاک‌بازیم همه             پیش دگران دست‌درازیم همه
اشـراف طمعکار اگـر بگذارند             با کثرت فقر بی‌نیازیم همه

### شماره ۳۵۰

احـزاب جهان راه نجاتند همه             در جامعه بـاعث حیاتند همه
در کشور ما چو جنگ صنفی نبود             این است که بی‌عزم و ثباتند همه

### شماره ۳۵۱

دنیا که سعادتش بـود مال همه             از چیست که نیست شامل حال همه
شهری که شرافتش برای جمعی است             ای وای و دوصد وای بر احوال همه

### شماره ۳۵۲

با هم رفقا که یار و جفتند همه     بنشسته و گفتند و شنفتند همه

شد راستی از خواندن آرا معلوم     کز حیله به هم دروغ گفتند همه

### شماره ۳۵۳

یک دسته که کاندید جدیدند همه     سال و مه و هفته‌ها دویدند همه

اکنون که ز رأی خوانده گردیده دو ثلث     ناچار سه ربع ناامیدند همه

### شماره ۳۵۴

سردستهٔ حزب هرچه هستند همه     سر تا به قدم خویش‌پرستند همه

افرادی اگر در آن میان یافت شود     از ساده‌دلی آلت دستند همه

### شماره ۳۵۵

با دشمن اگر پاره کنی سلسله به     وز دوست به پیش دوست سازی گله به

گر خارجه خوب باشد و داخله بد     از خارجهٔ خوب، بد داخله به

### شماره ۳۵۶

در اول وهله پا فشردیم همه     گوی سبق از زمانه بردیم همه

از تفرقه بگسیخته شد چون صف ما     از مرتجعین شکست خوردیم همه

### شماره ۳۵۷

آن دسته که در نزد تو پیش‌اند همه     با حرف، رفیق نوش و نیش‌اند همه

آید چو میان پای عمل می‌دانند     یکسر پی جلب نفع خویش‌اند همه

### شماره ۳۵۸

بی‌دوست شب فراق غم خوردن به     غم خوردن و دندان به دل افشردن به

گر زندگی این است که دل دارد و من     صد بار ز زندگی بوَد مُردن به

### شماره ۳۵۹

دیدی به خلاف عزم و تصمیم شدی     از حملهٔ ارتجاع در بیم شدی

با این‌همه اظهار شهامت آخر     در پیش قوای خصم تسلیم شدی

شماره ۳۶۰

زد چنگ زمانه چنگ بی‌تکلیفی     شد باز شروع جنگ بی‌تکلیفی
ای آه که آتیهٔ این ملک خراب     بگرفت دوباره زنگ بی‌تکلیفی

شماره ۳۶۱

ای کوه تو همسنگ غم و درد منی     وی کاه تو همرنگ رخ زرد منی
ای آتش عشق از تو دل‌گرم شدم     چون مجمر سوز نالهٔ سرد منی

شماره ۳۶۲

خواهی تو چو مشت بسته را وانکنی     خود را به بر جامعه رسوا نکنی
هرجا که سخن کنی تو با دقت باش     هشدار که اشتباه بی‌جا نکنی

شماره ۳۶۳

می‌کوش که پامال جهالت نشوی     سرگشتهٔ وادی ضلالت نشوی
ری مرکز دستان زبردستان است     هشدار که بی‌اراده آلت نشوی

### شماره ۳۶۴

ای مرغ اسیر از چه کم‌حوصله‌ای / از بستن بال خویش پر در گله‌ای
پرواز کنی به کام خود روز دگر / پاداش چنین شبی که در سلسله‌ای

### شماره ۳۶۵

آن را که ز مهر خویش پرورده کنی / او را همه عمر بنده و برده کنی
اقرار نماید به خداوندی تو / هر بنده که حاجتش برآورده کنی

### شماره ۳۶۶

آنان که کنند با دوصد طنّازی / دائم به مقدّرات ایران بازی
ای کاش کنند وقت خود را مصرف / یک لحظه به فابریک آدم‌سازی

### شماره ۳۶۷

با زور و وبال تا وزارت کردی / بس مال که از مالیه غارت کردی
صد خانه خراب کردی ای خانه‌خراب / تا کاخ بلند خود عمارت کردی

### شماره ۳۶۸

دی عامل اختلاس اموال شدی / دوشینه خداوند زر و مال شدی
امروز چو بازار تو گردید کساد / چون تاجر ورشکسته دلال شدی

### شماره ۳۶۹

هرکس به طریق خاص شد یار کسی / یا بوالهوسانه محو دیدار کسی
طوفان که بوَد مقصد او نفع عموم / هرگز نشود عبث طرفدار کسی

### شماره ۳۷۰

امروز اگر خطا سراپا نکنی / از دست وکیل ناله فردا نکنی
رأی تو قباله است، آن را ای دوست / هشدار برای دشمن امضا نکنی

### شماره ۳۷۱

ای جعبه پریر دلربایی کردی / دیروز خیال بی‌وفایی کردی
دوشینه چو یک‌بار شدی یار رقیب / امروز ز عاشقان جدایی کردی

### شماره ۳۷۲

ای روز سیاه من سیه‌تر گردی      وی دیده به خون دل شناور گردی

ای چرخ ز گردش تو من پست شدم      گر گردشت این چنین بود، برگردی

### شماره ۳۷۳

ای توده گرفتار جهالت شده‌ای      گمگشته وادی ضلالت شده‌ای

هرکس که کنی وکیل، گر جنس تو نیست      بی‌چون و چرا بدان که آلت شده‌ای

### شماره ۳۷۴

ای جعبه به خوب و زشت حاکم شده‌ای      محفوظ‌کن سقیم و سالم شده‌ای

با آن که تویی پاکدل و پاک‌نهاد      آرامگه خائن و خادم شده‌ای

### شماره ۳۷۵

ای جعبه مرا گوهر مقصود تویی      اسباب زیان و مایه سود تویی

هر منتظرالوکاله را ای صندوق      تا رأی میان توست معبود تویی

۲۸۶

شماره ۳۷۶

در اول عشق باده‌نوشی اولی / در آخر عمر می فروشی اولی
تا دورهٔ فترت است همچون خُم می / با خوردن خون دل خموشی اولی

شماره ۳۷۷

آسوده در این دیر کهن نیست کسی / بی‌درد و غم و رنج محن نیست کسی
یاران شرکای موقع منفعت‌اند / هنگام ضرر شریک من نیست کسی

شماره ۳۷۸

ای بوم در این بوم مؤسس شده‌ای / ای زاغ به باغ نُقل مجلس شده‌ای
در مدرسه درس می‌دهی رنگارنگ / ای بوقلمون مگر مدرس شده‌ای

انتشارات پارسیان البرز

Kidsocado Publishing House

این مجموعه بسیار نفیس که در دست شما است
با استانداردهایی مانند فونت ساده برای سهولت خواندن ایرانیان
خارج از کشور و طراحی داخلی زیبا و متن کامل
با کوشش و همکاری دو موسسه یعنی
موسسه انتشارات البرز پارسیان در ایران و
خانه انتشارات کیدزوکادو در کانادا
تهیه شده است.
هر دو موسسه با هدف بسیار والای جهانی کردن
آثار شعرا و نویسندگان
ایرانی این فعالیت را ادامه داده
و امیدوارست به زودی
آثار با ارزشی از ادبیات غنی ایران به
خانه‌ها و کتابخانه های شما هدیه دهد.

آثار ادبی دیگری که می‌توانید از این مجموعه تهیه کنید و از آن لذت ببرید:

اینجا را کلیک کنید:

www.ingramcontent.com/pod-product-compliance
Lightning Source LLC
Chambersburg PA
CBHW080631170426
43209CB00008B/1541
* 9 7 8 1 7 7 8 9 2 0 8 6 8 *